나의 뜨락에는 그늘이 없다

신 선 산문집

나의 뜨락에는 그늘이 없다

세종출판사

■ 추천사

이준우 교수

(강남대학교 사회복지전문대학원)

오늘날 우리 세상은 사랑의 담론은 넘치지만 그 방향은 자기를 향해 있을 경우가 대부분입니다. 최승호 시인이 쓴 <오징어 3>은 이런 세태를 너무 잘 표현해 주고 있습니다. "그 오징어 부부는 / 사랑한다고 말하면서 / 부둥켜안고 서로 목을 조르는 버릇이 있다." 그렇지 않습니까? 모두들 자기중심적으로 사랑합니다. 말로만 사랑하다고 할 때도 허다합니다. 사랑을 실천하는 게 특별한 세상이 되었습니다. 말은 '청산유수'처럼 잘해도 막상 그 말대로 살아내는 것은 너무 미흡해 보입니다. 세상이 그렇습니다.

그런데 여기 세상을 거슬러 사는 믿음의 삶이 있습니다. 김용원 목사님과 신 선 사모님의 삶입니다. 부산 베데스다선교회와 밀양 '해돋는 복지센터' 그리고 장애인과 비장애인이 함께 하는 '해돋는 교회', 부경예술대안대학교 등 의미 있고 소중한 하나님의 사역을 그리도 열심히 사명으로 감당하고 계십니다. 장애인을 한두 번 돕는 일은 누구나 선한 의지를 갖고 있으면 할 수 있을지 모르겠습니다. 하지만 함께 사는 것은 결코 쉽지 않습니다. 사랑하며 사는 것은 더더욱 어렵습니다. 함께 산다고 했을 때, 얼마나 고충이 많겠습니까? 한두 명도 아니고 그 많은 중증장애인 식구들을 먹이고, 입히고, 재우며, 돌보고 가르치면서 '하하호호' 웃음꽃이 만발한 공동체로 만들어가기란 결코 쉬운 일이 아닙니다. 기나긴 수많은 밤을 눈물로 채우셨겠지요. 포기하지 않으시려고 간절하게 기도하셨겠지요. 가족과 친구들, 지역사회 마저도 부담스러워하는 장애인 형제자매님들을 주님처럼 섬기시면서 땀을 비 오듯 쏟으셨겠지요. 모든 좋은 일에는 누군가의 희생과 대가가 치러져야 하는 게 인지상정이니까요.

신 선 사모님의 <나의 뜨락에는 그늘이 없다>는 중증 장애인들과 함께 사는 삶의 여정이 잔잔하게 그려져 있습니다. 특히 본문 중에서 "잠시도 가만히 있지 않는 아이들, 천 개의 시선도 모자란다. 하루가 눈 깜짝할 사이에 지나가지만, 해맑은 아이들이 있어 내가 있다."가 가슴에 사무쳐 들어옵니다. 묵직한 감동으로 다가왔습니다. 목사님과 사모님의 삶을 고스란히 옮겨놓았으니

까요. 어떻게 그토록 힘겹고 어려운 삶의 편린들을 기쁨과 감사로 풀어 놓으실 수 있을까요? 문장 '하나하나'마다 그래서 힘이 느껴집니다.

신앙생활은 '믿음의 대상을 향한 믿음의 고백'을 실제 삶으로 재현하는 끝없는 과정입니다. 진정한 고백은 실천적인 활동을 통해서만 진실임이 드러납니다. 장애로 고통 받고 소외된 취약한 사람들에게 따뜻한 미소를 보내고, 낙심과 절망 속에 지친 그들을 도와주고, 가슴이 텅 비고, 인지적인 이해 능력이 부족한 이들 곁에 머물면서 그들의 말을 들어주며 그들 모두를 보듬어 안고 사는 바로 그 삶이 세상을 향한 복음의 메시지입니다.

> 훼스탈 두 알과 활명수를 들이키고 준수는 코를 골면서 잘 자고 있다. 하루에도 무슨 일이 언제 어느 때 일어날지 모른다. 어려운 순간마다 도우시는 하나님의 손길이 감사하다.

> 다운증후군 장애를 겪고 있는 여운이가 대학을 졸업했다. 엊그제 동아인재대학(사회복지학과)에 입학한 것 같은데, 벌써 2년이 지나고 사회복지사 2급 자격증을 받게 되었다. 이제 여운은 사회복지사가 되었다. 자신보다 더 어려운 장애인들을 위하여 도움을 주겠다고 한다. 그래서 말썽도 안 피우고 다이어트도 하면서 날마다 착해지겠다고 다짐한다.

민아에게 오줌 싸면 안 된다고 거듭 다그친다. 그리고 불안하지 않도록 "민아야, 사랑해"하며 꼬옥 껴안아 주고 잠을 재운다. 민아는 머리가 긴 인형을 하루 종일 들고 놀다가 잠을 잘 때에도 안고 잔다. 민아가 깊은 잠에 빠졌을 때 그의 손에서 빠져 나온 인형은 큰 눈을 깜빡이며 밤새도록 민아를 지켜보고 있다.

아침에 한바탕 소동이 났다. 아이들이 빠져나간 이부자리 정리를 하려고 방문을 열었더니 비가 온 것처럼 방바닥이 흥건히 젖어 있다. 마치 물을 퍼다 부은 것 같다. 널브러져 있는 이불들이 거의 젖어 있다. 세탁하지 않아도 될 이불이 있는지 살펴본다. 어떤 것이 성한지 알 수 없다. 남자 아이들은 모두 말을 못하기 때문에 누가 그랬는지 물어볼 수도 없다. 이부자리를 모두 거둬서 세탁기 앞으로 가져간다. 산더미처럼 쌓인 이불들이 통돌이 세탁기를 에워싼다. … 중략 … 덕분에 이불들이 일제히 목욕을 하게 되었다. … 중략 … 마지막 헹굼 단계에서 피죤으로 30분간 담가뒀다. 향기 나는 린스에 담금질해도 준이의 이불은 지린내가 가시지 않는다. 그의 이불에서는 항시 설명할 수 없는 묘한 냄새가 난다.

그 어떤 '설교'나 '간증'보다도 더 강력한 그리스도의 향기를 맡을 수 있는 삶의 메시지가 아닐 수 없습니다. 사모님의 글들을 읽으면서 김지하 시인의 <밥>이라는 시가 떠오릅니다. "밥은 하늘입니다. / 하늘을 혼자 못 가지듯이 / 밥은 서로 나눠 먹는 것 /

밥은 하늘입니다. / 하늘의 별을 함께 보듯이 / 밥은 여럿이 같이 먹는 것 / 밥이 입으로 들어갈 때에 / 하늘을 몸속에 모시는 것 / 밥은 하늘입니다. / 아아 밥은 모두 서로 나눠 먹는 것" 하나님의 사람은 우선 밥을 나누어 먹을 줄 아는 사람입니다. 남의 배고픈 사정을 헤아릴 줄 아는 사람은 하나님의 사랑을 아는 사람입니다. 하늘에서 내린 만나를 다른 이들의 몫으로 남겨 놓는 마음, 배가 고파도 다른 지체들을 위해 기다려줄 줄 아는 마음, 산 짐승들의 겨울나기를 위해 밤과 도토리를 남겨두는 마음, 바로 그것이 하나님의 마음이고 인류의 구원을 위해 희생하신 주님의 마음입니다.

언제나 밥을 많이 먹는 석원이의 밥그릇은 다른 아이들 것보다 속이 깊다. 남에게 빼앗기지 않으려고 얼마나 잡아당겼는지 삐딱하다. 약간 찌그러진 그의 밥그릇은 세상에서 제일 귀한 보물단지다.

캄캄한 밤 미지의 바다를 항해하듯 조기교육원 문을 열었다. 비록 시작은 지극히 미약한 것이지만 옥토에 떨어진 한 알의 씨앗이 30배, 60배, 100배의 풍성한 결실을 거두게 될 날이 올 것이라 믿는다. 이 아이들은 앞으로 심히 창대하게 될 하나님의 생명을 품은 소중한 씨앗들이다. 사도 바울의 고백처럼 심고 물주는 작업은 우리의 몫이지만 오직 자라나게 하시는 분은 전지전능하신 하나님이시다. 그분을 의지하여 꺼지지 않는 열정으로 믿음과 사랑과 소망을 심는다. 하나님께서는 부산베데스다선교회의 지난 20년 동안의 사역을 통하여 부모마저도 할 수 없다고 포기한 장애인들일지라도 믿음의 눈으로 품고 기도하면 가능하다는 사실을 분명하게 보여주셨다. 해돋는 조기교육원의 사랑스러운 영준이와 민석이를 통하여 하나님께서 행하실 엄청난 일들을 생각하니 가슴이 부풀어 오른다.

장애인은 말 그대로 오래 사랑해야 할 사람이다. 그 사랑은 참으로 오래 참고 함께 걸어가는 것이다.

신선 사모님께서 부족한 사람에게 추천사를 부탁하시면서 보내주신 <나의 뜨락에는 그늘이 없다>를 출간되기 전에 미리 읽으면서 감격스러웠고, 행복했다. 고마운 마음이다. 그 무엇보다도 연약한 지체들과 함께 살아주셔서 감사하고, 또 사랑하면서 살고 계셔서 기뻤다. 글은 마음인데 사모님의 글들을 통해서 주님의 마음을 느낄 수 있어서 은혜가 되었다. 많은 분들이 이 책을 읽었으면 좋겠다. 세상이 따뜻해진다.

■ 머리말

장애인선교 30년의 회고

김 용 원 목사

사) 부산베데스다선교회 대표

장애인선교를 시작한 지 벌써 30년이 되었다. 돌이켜 보면 꿈 같은 길을 낙타처럼 걸어왔다. 인간의 힘으로 감당할 수 없는 일을 하나님께서 오늘까지 친히 인도하셨다. 하나님의 은혜와 사랑을 어떻게 필설로 표현할 수 있을까?

장애인에 대한 사랑을 느낀 것은 1976년 3월 2일 서울신학대학에 입학하러 가는 날이었다. 대학 정문 앞에서 뛰노는 장애인들의 모습을 보는 순간 가슴이 뭉클했다. 그때부터 매주 토요일마다 혜림원에 가서 그들을 위하여 자원봉사를 했다. 장애인들을 만나게 되면서 신학공부가 끝나면 그늘지고 소외된 곳에 있는 그들을 위해 무엇인가 매진해야 되겠다는 생각이 더욱 깊어졌다. 어느 날 동료 김 목사(새전주성결교회 시무)로부터 베데스다선교회에 대한 소개를 받았다. "그늘진 지역에 그리스도의 소망의 빛을, 소외된 자에게 그리스도의 사랑의 손길"을 전해야 된다는 목표가 좀 더 분명하게 되었다.

신학대학을 졸업한 다음 향리로 돌아와 통영한려성결교회에서 일반목회로 개척을 했다. 매주 토요일마다 무전동 장애인시설을 방문하여 말씀을 전하고 교육을 하면서 장애인사역의 첫걸음을 내딛게 되었다.

1986년 2월 12일 향리의 한려성결교회에서 7년의 사역을 마감하고, 부산의 임기성결교회로 옮겨오면서 부산베데스다장애인선교회를 창립하였다. 일반목회와 장애인사역을 병행하면서 장애인교육을 실시했다. 아울러 동래 선아원과 두구동의 쇠뜻집 장애인들을 돌보았다.

처음에는 평생 동안 장애인들과 함께 살겠다는 각오를 가진 것은 아니었다. 장애인에 대한 사랑은 하나님의 은총을 받은 자녀로서 어려운 이웃을 돌보는 것이 당연하다고 여겼다.

장애인 생각은 늘 머리에서 떠나지 않았다. 기도를 할 때나 꿈속에서도 장애인을 만났다. 신학대학을 다닐 때 학비조달로 남해수산고등학교에서 교편을 잡은 적이 있었다. 그 때도 장애인

학생이 있었다. 아무튼 내가 가는 곳마다 장애인들이 있었다. 그 시린 눈빛을 지울 수 없었다.

임기교회(하늘정원교회)가 존폐 위기에 있을 때 부임했는데, 교회는 성장하였다. 그러나 장애인사역은 할 일이 많았다. 일반목회와 장애인사역을 사이에 두고 기도하는 중에 장애인사역에 힘을 바치기로 결심하고 일반목회를 내려놓았다.

임기교회에서 시무한 7년의 퇴직금과 수정동성결교회 (고)이창수 장로님의 후원금을 바탕으로 부산진역 맞은편 지하공간을 얻어 장애인사역의 거점을 확보했다. 좌천동 지하의 사무실은 비가 오면 부실한 방수시설로 책걸상을 비롯한 집기들이 둥둥 떠 다녔다. 비가 그치면 계단을 올라와 젖은 집기들을 햇볕에 말리면서 허기진 배를 하나님의 위로로 채우며 지하의 탈출을 꿈꾸었다.

몸을 잘 움직이지 못하는 장애인들을 업어다 하나님의 사랑을 가르치고 언어치료와 재활교육을 시키며 지하에서 지상으로 옮겨오는 사역의 공간을 소망하였다.

하나님께서 1년 반 만에 지상 4층으로 옮겨 주셨다. 꿈은 이루어진 반면 그들을 업거나 안고 4층으로 옮겨야하는 것이 여간 고충이 아니었다. 장애인들은 계단의 난간을 잡고 간신히 걸어서 올라가기도 하고, 더러는 기어서 올라가는 경우도 있었다. 그런데 그 건물마저 부도가 났다. 사역지는 또 다시 남산동 지하에서 구서동 지하로 옮겼다.

열악한 형편 속에서도 꿈은 자랐다. 어둠을 헤치고 그룹홈의 비전과 소망교육원이 전문화되어 갔다. 장애인사역이 무엇이며 어떻게 하는 것이 바람직하는 가를 느낄 즈음 밀린 집세를 해결하지 못하여 또 다시 월세 부담이 적은 재송동 꼭대기의 비탈길, 선교원 2층으로 옮겨갔다. 주일마다 아이들을 태운 봉고는 가파른 언덕에서 자주 시동이 꺼진 채로 매달려 있곤 했다.

재송동으로 옮기면서 비로소 그룹홈이 출발되었다. 사무실 안에 방을 만들어 갈 곳 없는 장애인들과 함께 살았다. 사람들은 투명한 유리문을 통하여 마치 동물원을 구경하듯 들여다보곤 했다. 주거시설이 갖춰지지 않은 곳에서 장애인들과의 생활은 불편했다. 그보다 더 힘든 것은 주민들의 멸시였다. 사람들은 자신의 집 옆에서 자리를 옮겨줄 것을 날마다 강요했다. 장애인은 전염병 환자가 아니고 조금 불편할 뿐인데, 장애인에 대한 인식 부족으로 변방으로 내보내려는 따가운 시선 앞에서 더는 버텨내지 못했다.

장애인과의 삶은 전세를 얻기 힘들었다. 갖은 수난을 겪으며 융자를 받아 해운대 우1동의 신동비치아파트(34평)에 제1그룹홈, 베데스다의집(여자 장애인 숙소)이 태동되었다. 이듬해 제2그룹홈인 예은의집(남자 장애인 숙소)이 양산 덕계의 선우아파트(24평)가 출발했다. 두 군데 모두 안전한 1층을 마련했다. 두 그룹홈을 합하여 20여 명의 장애인들과 살면서 그 가운데 증상이 좀 나은 장애인들의 그룹교육을 생각하며 제3그룹홈으로 덕계 6차 새진흥아파트를 구입하기도 했다. 그러나 주민들의 격렬한 반대에 부딪혀 개설 6개월 만에 쫓겨나고 말았다.

사람들은 장애인들과 가까이 사는 것을 꺼려했다. 지금까지 장애인들은 소외되고 그늘진 곳에서 살아가고 있다. 그 보상으로 앞으로는 더 행복을 누리고 살아야 될 권리가 있다.

아파트는 모든 시스템이 편하게 되어 있다. 문턱만 제거한다면 장애인들은 혼자서 휠체어를 밀고 거실에서 주방으로, 화장실로, 편하게 다닐 수 있어 편리한 곳이다. 그럼에도 불구하고 끝내 아파트 주민들의 관용을 얻지 못한 채 제3그룹홈에 있던 장애인들은 다시 1, 2홈으로 나뉘어 분산되었다.

당시 이사였던 우 장로님(대양교회) 사업지가 베트남으로 옮겨 가게 되었다. 연산동 사무실 6층을 저렴한 월세로 사용하게 되어 눈부신 지상으로 교회와 사무실을 옮겼다. 그런데 주일마다 엘리베이터 없는 6층까지 장애인들을 업고 오르내리기가 여간 힘든 게 아니었다.

장애인들은 오로지 주일만을 기다리고 있었다. 재가장애인들은 집 밖을 나가서 사람들을 만나는 기쁨은 세상을 모두 얻은 것 같다고 했다.

아침 일찍 봉고를 몰고 양산 덕계의 예은의집 식구들과 해운대 베데스다의집 식구들을 먼저 데려다 놓고, 감만동, 영도, 범일동에 있는 장애인들을 태우고 오면 예배시간이 늦어질 때도 있었다. 말씀을 전하기도 전에 땀으로 온 몸이 축축했다. 장애인들은 내 등에 업히면 편한 지 축 늘어졌다. 잠시 잠이 들기도 했다. 6층까지 올라오면서 한두 번은 쉬어야 했다. 2, 3층에 의자를 갖다 놓고 거친 숨을 고르고, 목적지까지 와서 장애인을 내려놓으면 비로소 다리가 휘청거렸다. 지하에서 지상으로 오르기를 그렇게 소망했는데, 6층까지 오르다 보니 이제 지하가 아닌 낮은 곳이 그리워지기 시작했다. 사람의 마음은 간사한 것이었다.

20주년을 맞이할 때 안타깝게도 세 명의 아이들은 간질로 인하여 먼저 하늘나라로 가고, 25명은 많이 성장했다. 모두 특수학교에서 초·중·고등학교를 졸업하고, 두 명은 전문학교, 한 명은 대학교(사회복지학)를 졸업하였다.

나의 비전 속에는 아이들을 먹이고 보살피는 것도 중요하지만, 학교교육의 필요성과 어떻게 교육시키느냐가 더 우선이었다.

자금 조달을 위하여 매년 선교음악회를 열고 일일찻집과 사랑의 바자회 그리고 여름, 겨울 캠프를 통하여 장애인과 비장애인의 만남의 장을 통해 장애인의 대한 인식 계몽과 장애의 문턱을 없애는 데 힘썼다.

아이들은 매일 자랐다. 몸집과 키가 얼마나 성장했는지 아파트에서 함께 살기에는 공간이 부족했다. 한창 활기가 넘치는 아이들을 집안에만 있게 하는 것은 발육과 교육상 바람직하지 않았다. 늘 마음 졸이며 아파트에서 사는 것보다 마음대로 뛰놀 수 있는 그들의 낙원을 꿈꾸면서 장애인들을 위하여 센터를 지어야겠다고 결심을 하게 되었다. 지금 생각하면 재정은 생각지도 않고 믿음 하나로 밀어붙인 것이 꿈만 같다.

센터를 지어야겠다는 생각이 확고해지자, 땅을 보러 사방으로 다녔다. 밀양까지 가게 되어 지금의 땅을 보고 선뜻 계약을 했다. 하남읍 파서리에 찜질방을 하던 곳인데, 마당은 잔디가 깔려 있고 유실수도 몇 그루 있었다. 공기가 좋고 아늑하여 아이들이 마음껏 소리 지르며 살기에 너무 좋을 것 같았다. 그날 밤 아이들의 보금자리를 마련했다고 생각하니 가슴이 벅차서 잠을 이룰 수 없었다.

문제는 잔금이었다. 지방회와 각 교회에 후원을 요청했다. 각 교회와 개인들도 많은 도움을 주었지만, 필요한 금액은 예상 밖으로 저조했다. 잔금을 약속한 날짜가 다가오자 계약금까지 잃게 될까 초조했다. 어느 날 갑자기 왼쪽 눈이 빠지듯 아프더니 안구가 돌출되었다. 의사는 일종의 갑상선 증세로서 과도한 신경에 의하여 시신경의 열이 밖으로 차고 나갔다고 했다. 지금도 그 자국은 훈장처럼 남아 있다.

어느 날 미국에서 연세가 많으신 선교사님께서 베데스다의집을 방문하셨다. 연로하신 몸으로 멕시코에서 장애인을 위하여 40여 교회를 지으시고, 교도소 수감자와 장애인 그리고 동성연애자를 위하여 선교하시는 훌륭한 분이셨다. 대구에서 목회하는 동료 배 목사님(대덕교회)의 소개로 오신 선교사님은 장애인들을 보시고 하염없이 눈물을 흘리셨다. 그리고 혹 어려운 일은 없느냐고 하셨다. 나는 현재 부지에 대한 상황을 말씀드렸다. 황선교사님께서는 함께 기도하자고 하시며 미국으로 돌아가셨다.

기도는 교통의 통로였다. 태평양을 건너고 하늘 보좌를 움직였다. 미국으로 돌아가신 선교사님의 머릿속에서 밀양의 부지가 지워지지 않았다. 그리하여 아들에게 도움을 청하기 위해 급히 우리 부부를 미국으로 초청하셨다.

LA에서 이틀 후, 뉴욕에서 어머니를 뵈러 온 아들 황성국 장로님을 만났다. 그리고 지금의 상황을 말씀드렸다. 장로님은 다만 "목사님, 정말 수고 많으십니다. 잘 쉬다가 가십시오. 한국에 도착하시면 필요한 금액이 송금되어 있을 것입니다." 하셨다.

이 꿈만 같은 일을 하나님께서 하셨다. 한국에서 후원이 어렵게 되자 하나님은 미국에서 황예행 선교사님을 보내시어 서둘러 이 일을 이루셨던 것이다. 우리 부부는 하나님께서 보내주신 영적 어머니를 잘 섬기기보다는 사랑만 많이 받았다.

그런데 2014년 겨울, 안타깝게도 크리스마스를 일주일 앞두고 황예행 선교사님은 하늘나라로 가셨다. 이제는 황 선교사님의 뜻 받들어 하늘나라에서 뵐 때까지 장애인들을 위하여 최선을 다 할 뿐이다.

장애인 터전은 20년의 기도를 통해 마련되었다. 땅만 있으면 다 될 것 같았는데, 땅 위에 센터를 건립하는 것이 또 하나의 과제였다. 그때부터 자나 깨나 머릿속에는 오로지 건물을 짓는 것으로 꽉 차 있었다.

2006년 3월 4일 장애인 선교 20주년 감사예배를 드렸다. 그날 20년 동안 장애인들과 더불어 살면서 쓴 아내의 산문집(일기) 출판기념회도 함께 드리면서 건립을 위한 운동 전개를 하였다. '하늘사랑채마을'(가칭)이란 명칭으로 1층 평면도에 ①교회 ② 언어치료실 및 재활 치료실, 2층 평면도에 ①하은의집 ②주은의집 ③샬롬의집 ④섬김의집을 정하고, 건립을 위한 운동을 전개했다.

의욕과는 달리 후원은 예상 밖이었다. 우선 비가 새는 건물을 리모델링하여 벽을 막아 남, 여 숙소를 만들고, 다른 방 하나는 사택으로 사용했다. 주일은 사택 방 앞에서 장애인들과 예배를 드렸다. 산만한 가운데서 예배가 제대로 되지 않았다. 무엇보다 교회 건축이 시급했다. 그리하여 지금의 땅을 담보로 성전건축을 시작하였다. 아내의 산문집 『나의 사랑 나의 어여쁜 아이들』은 성전 기초를 다지는데 초석이 되어 주었다.

성전건축 때 많이 외로웠다. 장애인들은 의논의 대상이 되지 않았다. 내가 제일 힘들 때 하나님은 나를 떠나지 않으셨다. 믿고 기도하고 확신이 오면 그대로 실행에 옮겼다. 하나님의 인도하심 가운데 성전건축을 2년 만에 마무리하였다.

성전 봉헌예배는 잔금처리 관계로 미뤄졌다. 서울만리현교회가 해외(필리핀)에 선교기념으로 해마다 교회를 하나씩 세우는데, 이번에는 감사하게도 국내선교로 해돋는교회에 후원을 해주었다.

지금까지 도와주신 분들은 하나님께서 모두 기억하고 계신다. 많은 교회의 기도와 후원 그리고 개인들의 관심과 사랑이 없었다면 장애인들과 어떻게 여기까지 올 수 있었을까? 모든 것이 하나님의 은혜이며 여러분들의 기도와 후원 덕분이다. 다만 감사의 말씀 밖에는 드릴 것이 없다. 아직 은행과의 부담이 과제로 남아 있지만, 이 일 또한 때가 되면 하나님께서 해결해 주실 줄 믿는다.

장애인 선교 20주년 기념예배(2006년)를 드린 후 10년 만에 장애인의 낙원을 꿈꾸던 터전마련과 하나님의 성전을 건립하였다. 이제 아이들은 하나님께서 주신 복된 땅에서 건강하게 잘 지내고 있다. 누구의 간섭도 받지 않고 맑은 공기 속에서 따스한 햇살을 받으며 마음껏 소리 지르고 뛰어 다니고 있다.

장애인선교 30주년을 맞으면서 걸어온 발걸음을 뒤돌아본다. 끊임없는 교육을 통하여 누워있던 아이들이 일어나 앉고, 앉아만 있던 아이들이 걸어 다닌다. 신변처리를 못하고, 폭행과 자해하던 아이들의 정서가 많이 안정되고, 조금만 도와주면 스스로 하려는 의욕을 보인다. 가방 속에 책 대신 기저귀를 넣어 학교에 보낼 때, 장애인에 대한 이해가 부족한 사람들은 이들에게 학교 공부를 시켜 뭐하느냐며 잘 먹이고 잘 입히고 편안하게 해 주는 게 더 낫지 않느냐고 반문했다. 사람은 빵으로만 살 수 없다. 우리 아이들은 특수학교에서 초・중・고등학교를 모두 마치고 전문학교 또는 대학을 졸업하였다. 이 아이들을 보면서 '하면 된다'는 확신을 더 갖게 되었다.

이제는 한걸음 더 나아가 계속적인 교육을 통하여 이들의 삶의 질을 더 향상시켜야 되겠다고 다짐한다. 그리하여 장애인을 위한 영원한 대학의 문을 열기로 작정하고 5년 전부터 부경예술대안대학교(가칭)라는 교육의 장을 마련했다. 벌써 주말 예술대안대학교를 운영한 지도 6년째 접어든다. 음악, 미술, 언어 및 문학치료와 체육 프로그램을 가지고 장애인들을 전문인으로 만들기 위해 교육하고 있다. 다른 대학처럼 1년에 1, 2학기를 나누어 개강과 종강을 거듭하였다. 현재 타 대학의 교수님들이 재능기부를 해주고 있으며, 현장에서 수고하는 복지사들도 계속 전공을 공부하면서 장애인들을 가르치고 있다. 강의실은 교회와 사무실 그리고 음악실과 미술실은 1층의 좁은 공간을 이용하고 있다. 지금은 데리고 살고 있는 아이들을 교육하고 있지만, 학교로서의 시설이 갖추어지면 기숙사를 짓고 부산과 경남 일대 그리고 타지역의 장애인들도 교육하려고 한다. 작은 돌멩이 하나하나가 쌓여서 큰 산을 이루고, 작은 물방울 하나가 모여서 강을 이루듯이 지금은 부경예술대안대학교가 보잘 것 없어 보이지만, 새로운 교육의 장이 될 것이다. 영원한 교육의 장이 될 대안예술대학교에서 아이들이 공부를 하면서 닫혔던 몸과 마음의 문들이 열리고 자기를 발견하게 되기를 소망하며 다시 비상을 꿈꾼다.

30년 동안 달려온 나의 경험을 되돌아 볼 때, 앞으로의 30년은 더 큰 일들이 일어나리라 확신한다. 앞으로 장애인들이 지도자가 되어 당당한 모습으로 걸어갈 것을 생각하니 가슴이 부풀어

오른다.

장애인사역을 꿈꾸게 된 지 40년의 세월에 덧입혀 장애인선교회를 창립한 지 30년에 즈음하여, 하나님께서는 이스라엘 백성들을 홍해 앞에서 길을 열어 주시고 불기둥과 구름기둥으로 인도하셨듯이 내게도 측량 못할 은혜로 인도해 주셨음을 고백하게 됩니다.

이 책을 통하여 베데스다의 장애인들을 위하여 후원해 주신 많은 분들께 머리 숙여 깊은 감사를 드립니다. 특히 장애인들을 사랑하셨던 어머니 황예행 선교사님, 지금은 하늘나라에 계시지만 깊은 감사와 사랑을 올려 드립니다. 아울러 아이들의 터전에 도움을 주신 황성국 장로님께 감사와 사랑을 전합니다. 그리고 뒤에서 장애인의 사역을 묵묵히 떠받쳐 준 아내 신 선 사모의 노고를 잊을 수 없습니다. 『나의 뜨락에는 그늘이 없다』의 출간을 박수로 축하합니다.

차례

제2장 가을 삽화

제3장 베데스다의집의 기록

제4장 밀양 가는 길

제5장 나도 집으로 가고 싶다

제1장

아름다운 동행

행주에 대하여
콩나물
조기교육원 개원
눈 오는 날
아름다운 동행
안나회 사모님
장난 전화
만리현해돋는교회의 헌당식
목욕탕에서 생긴 일
비 개인 어느날
봄날 읽기
김밥 만들기
아카시아 향기
통영 나들이
어르신을 위하여

행주에 대하여

2006년 7월 20일

아침을 먹고 싱크대에 수북이 쌓인 그릇들을 설거지한다. 덕지덕지 붙어 있던 밥알들이 물속에서 소용돌이친다.

밥그릇 속에서 아이들이 지그재그로 그린 그림들이 말갛게 씻겨 나간다. 입으로 스쳐간 숟가락의 흔적이 사라진다.

언제나 밥을 많이 먹는 석원이의 밥그릇은 다른 아이들 것보다 속이 깊다. 남에게 빼앗기지 않으려고 얼마나 잡아당겼는지 삐딱하다. 약간 찌그러진 그의 밥그릇은 세상에서 제일 귀한 보물단지다.

햇살이 창가에 찾아와 웃음을 한 보따리 풀어놓는다. 온 누리에 퍼진 함박웃음이 꽃을 피운다.

힘주어 빡빡 그릇을 씻다가 흐르는 물에 가볍게 헹구어 내어

그릇들을 마른 행주로 닦는다. 그릇이 웃는다. 뽀드득거린다. 냄비에 달린 귀 두 개가 반짝인다. 이빨이 빠진 사기그릇과 찌그러진 스테인리스 대접과 식판이 뽀드득거린다. 아이들이 기분에 따라 던져서 비뚤어진 양은그릇의 코끝도 반짝인다. 찌그러지고 비뚤어진 것들은 쓸수록 정이 간다. 젖은 것들은 손을 털면서 점점 가벼워진다.

그대 사랑 흰 눈처럼 피울 수 있다면
이 한 몸 닳고 닳아
천 갈래 만 갈래로 찢기어도
주저하지 않겠네
내 눈길 스쳐간 자국마다
말갛게 소생하는 빛을 보겠네

어둡고 구석진 곳
집 나간 평화 돌아올 수 있다면
내 숨결 파고들어 닦아 내겠네
헝클어진 머리카락 사이로
슬프게 돋아난 마른기침을
고이 잠재우는 이슬이 되겠네

그대 연주 제비처럼

G장조에서 D단조로 바뀔 수 있다면

내 노래 유유한 강물에 젖어

절망이 희망되는 꿈을 짓겠네

이 한 몸 닳고 닳아 야위디 야윈

실오라기 되더라도

걸어 부친 내 살갗은

오래도록 윤기 나는 별이 되겠네

- 졸시 「행주에 대하여」 전문

콩나물

2006년 10월 11일

재래시장에서 사 온 콩나물은 마트에서 구입한 것보다 풍성해서 좋다. 비닐 속에 담겨 바코드가 찍힌 풀무원 콩나물은 다섯 봉지는 사야 식구들과 한 끼 먹을 수 있다. 재래시장에서 산 것과는 가격이 무려 다섯 배나 차이가 난다.

우동식육점 앞에서 좌판을 벌인 할머니는 콩나물을 이천 원어치만 사도 시루 속에서 웃자란 나물을 검정 비닐봉지에 수북이 채워 주신다. 푸근하고 정이 넘친다.

콩나물은 한국의 대표적인 식재료 중 하나로, 그늘에서 발아시킨 대두의 뿌리를 자라게 한 식품이다. 가격이 싸고 영양가도 많은 콩나물을 나는 주로 재래시장에서 구입한다.

콩나물은 데친 후 양념에 무쳐 먹거나 국을 끓여도 시원하고 제 맛이 난다. 아이들은 각각 식성이 다르다. 진아는 살짝 삶은 콩나물의 아삭함을 좋아하고 영훈이는 고추장으로 발갛게 양념한 걸 좋아한다. 윤희는 참기름을 넣고 비벼주면 잘 먹는다.

콩나물은 잘 못 데치면 비린내가 난다. 냄비에 물을 한 컵 정도만 넣고 비린내가 한 번 확 풍기고 없어질 때까지 4~5분간 삶아 주어야 한다.

오늘 저녁 메뉴는 콩나물밥이다. 반찬이 없을 때는 간소한 식단이다. 먼저 쌀을 씻어 헹구어 낸 뜨물을 다루어 소금 1/3 스푼 정도를 넣고 콩나물을 4~5분간 삶는다. 삶은 콩나물을 건져낸 후 그 물로 밥을 고슬하게 짓는다. 간장에 다진 마늘, 설탕 1스푼, 고춧가루, 참기름, 깨소금, 대파, 홍고추를 송송 썰어 양념장을 만들고 흰밥에 콩나물과 상추를 얹고 양념장을 올려 쓱쓱 비벼 먹는다.

매운 것을 잘 못 먹는 남이와 정아에게는 홍고추를 넣지 않는다. 항상 가만히 앉아 먹지 못하는 지민이는 손으로 콩나물을 끄집어내어 고개를 뒤로 약간 젖히고 손으로 길게 늘어뜨리면서 먹는다. 그리고 엉덩방아를 찧으며 깔깔거린다. 평소 옷이며 이불에 있는 실밥을 뜯어서 길이를 측량하는 버릇이 먹을 때도 나타난다. 아이들은 콩나물밥이 맛있다고 서로 마주보며 야단들이다.

콩나물시루에서 음표들이 자란다
방금 열병식을 끝낸 멜로디가
틈새를 파고들어 우쭐댄다
젖은 것들이 생의 한가운데서
목소리가 다른 불협화음을
서로 어깨를 겨루며 숙성을 기다린다
새벽부터 부화를 꿈꾸고
낯선 거리를 헤매는 팔분음표
미궁에 빠진 경적음을 검색한다
미로 속을 탈출한 격한 리듬이
막힌 통로의 뚜껑을 열고
몽환의 바다에서 둥둥 떠다닌다
보이지 않는 모세혈관 안으로
성장샘의 날개가 돋는다
성급하게 터진 양수 속에서
뜨거운 악보가 흘러나오고
검은 복면을 쓴 적막이
욕망의 닻을 올린다
날은 점점 어두워가고
푸른 언덕이 우둑 서 있다

알 수 없는 소리들이 탄성을 지른다
고요 속을 침범한 낯선 은유들이
살갗을 뚫고 태어난다
음계를 뛰어 오르는 음표들 발톱에서
푸른 각질이 떨어진다

- 졸시 「시루 속의 생」 전문

조기교육원 개원

2007년 1월 8일

밀양 해돋는복지센터에서 조기교육원 개원예배를 드렸다. 교육원생 두 명은 자폐아 차영준과 발달장애와 자폐증 중복을 안은 정민석이다. 캄캄한 밤 미지의 바다를 항해하듯 조기교육원 문을 열었다. 비록 시작은 지극히 미약한 것이지만 옥토에 떨어진 한 알의 씨앗이 30배, 60배, 100배의 풍성한 결실을 거두게 될 날이 올 것이라 믿는다.

이 아이들은 앞으로 심히 창대하게 될 하나님의 생명을 품은 소중한 씨앗들이다. 사도바울의 고백처럼 심고 물주는 작업은 우리의 몫이지만 오직 자라나게 하시는 분은 하나님이시다. 그 분을 의지하여 꺼지지 않는 열정으로 믿음과 사랑과 소망을 심는다.

하나님께서는 부산베데스다선교회의 지난 20년 동안의 사역을 통하여 부모마저도 할 수 없다고 포기한 장애인들일지라도 믿음의 눈으로 품고 기도하면 가능하다는 사실을 분명하게 보여주셨다.

해돋는 조기교육원의 사랑스러운 영준이와 민석이를 통하여 하나님께서 행하실 엄청난 일들을 생각하니 가슴이 부풀어 오른다.

밀양 지역에 아름다운 해돋는복지센터를 허락해 주신 하나님께서는 하나님의 집을 세우는 거룩한 사역을 김용원 목사님에게 허락해 주셨다.

1월 29일 성전착공예배를 드리는 것을 시작으로 하여 4월 말 완공 예정으로 130평 부지에 공사가 현재 순조롭게 진행 중에 있다. 특별히 성전 공사를 위해 수고하시는 이현석 장로님과 모든 분들은 자신의 집을 세우는 심정으로 최선을 다했다. 모든 공사가 아무런 사고나 주변의 잡음 없이 은혜롭게 진행되길 소망한다.

앞으로 수많은 장애인들이 이 성전을 통하여 영적인 평안과 안식을 누리며 쉼을 맛보게 될 것이다. 믿음의 영역이 현실에만 국한되어진 것이라면 더 이상 바랄 것도 기대할 것도 없을 것이

2007/03/18 13:37

다. 하지만 믿음은 현실뿐만 아니라 머나먼 미래에 예비 해 놓으신 하나님의 은혜를 바라보는 것이며 그러한 자만이 하나님의 영광을 보게 될 것이다. 이 엄청난 축복을 하나님께서 예비 하시고 부산베데스다선교회를 그 자리에 부르셨다.

해돋는 조기교육원 제1회 원생인 영준이와 민석이는 첫날부터 교육 선생님으로 온 예쁜 여자 선생님을 따라 가위로 색종이를 자른다. 하얀 도화지 위로 풀을 먹은 색종이 어깨가 으쓱하다. 서툰 모습 사이로 꿈이 반짝인다.

눈 오는 날

2007년 3월 5일

눈이 오는 날은 눈이 부시다. 차마 바라볼 수 없는 눈들의 행렬은 찬란하다. 밀양 해돋는집 아이들은 함박눈을 맞으며 뛰어다닌다. 아롱이도 좋아서 꼬리를 흔들며 따라다닌다. 눈은 순식간에 마당에 수북이 쌓인다. 아이들은 천방지축 눈 속으로 파고든다. 영훈은 눈 위에 덜렁 누워 몸을 굴리고 석이는 쌀가루 같은 눈을 두 손으로 움켜잡고 먹는다. 모두들 나풀거리는 눈이 신기한지 깔깔거린다. 오줌을 싸서 새로 갈아 입혀 준 호윤의 바지가 다시 젖는다.

아이들이 입은 잠바와 바지가 눈에 젖어 축축하다. 감기 걱정에 집으로 들어오라고 손짓을 하여도 아예 모른 척한다.

눈이 오는 날은 온 세상이 하얗다. 산과 들이 하얀 면사포를 둘러쓴 것 같다. 은산마을 지붕들이 이슬람 사원처럼 부풀어 오른다. 납작 엎드린 작은 돌멩이와 차가운 가시 울타리 그리고 앙상하게 마른 가지들도 축복인 양 눈들로 쌓여 있다.

눈 오는 날 소복하게 쌓여지는 눈들은 가슴이 풍성하다. 낡아 너덜거리는 처마를 하얀 옷으로 갈아입히고, 아이들을 바라보는 시선도 모나지 않고 은혜를 입은 것처럼 품고 있다.

눈이 올 때는 좋았는데, 그 기쁨은 오래가지 않았다. 아랫마을에서 바람이 불어오자 마당은 꽁꽁 얼기 시작한다. 곧 얼음밭이 된다. 길이 막힌다. 마을과 마을 사이의 소통이 끊기고 차들이 길을 잃는다. 우리는 눈보라 속에 갇힌다.

새하얀 융단을 까는 손등이
퍼렇게 얼어 있다
눈 내리는 저문 길은
눈발 속에서 어깨를 감추고
지상의 먼지를 덮는
부지런한 발자국
먼 길 위에 끊임없이 찍힌다

눈부신 면사포를 쓴
산과 들이 나직히 엎드리는 동안
가난한 집들의 지붕이 부풀어 오른다
헐벗은 상수리나무 야윈 가지 사이로
새 세상을 여는 자의
넉넉한 겉옷이 펄럭인다
숨져가는 섣달의
능선 위로 쌓이는 눈은
세례자 요한의 입술 끝에서
고고한 말씀을 맺고 있다

용서 받지 못할 자들의 시린 혓바닥이
서로 사랑할 수 없는 꽃으로 지고
개들이 짖어대는 동구 밖으로
검은 도시가 차례로 쓰러지고 있다.

- 졸시 「강설기 1」 전문

아름다운 동행

2007년 5월 2일

미국에서 오신 황예행 선교사님이 아이들을 보려고 오셨다. 그리고 밀양 땅을 마련해 주신 황성국 장로님과 친구 두 분도 함께 오셨다. 양손에는 장애인 친구들이 제일 좋아하는 피자와 통닭을 가득 들고 계셨다.

맛있는 피자와 통닭 먹을 것을 생각하면서 얼마나 기뻤든지 쌍둥이 형제는 머리가 하늘에 닿을 만큼 폴짝폴짝 뛰었다. 한별이도 배를 내밀고 다니면서 계속 싱글벙글했다.

석원, 명희, 수범과 예란, 은희, 민아도 얼굴에 기쁨이 가득하다. 아이들은 맛있는 것을 먹을 때 제일 행복한 것 같다. 돈도 명예도 그 아무 것도 중요하지 않다.

직사각형 상을 나란히 붙이고 아이들과 둘러앉아 감사기도를 드린 후 피자와 통닭을 먹기 시작했다.

"실컷 먹어라, 그런데 체할라 천천히 먹어라."

선교사님 말씀은 듣는 둥 마는 둥 모두들 먹기에 바빴다. 곁에서 닭고기 살을 발라 주는 것은 먹지 않고 이것 조금 만지고, 저것 조금 건드리며 정신없이 먹고 있었다. 한참 맛있게 먹다 아이들은 더 이상 먹을 수 없었는지 다리를 쭉 뻗고 피자와 통닭을 멀찍이 바라보고 있었다.

간식을 먹은 후 뜨락에 나가서 함께 사진도 찍고 여운이가 치는 피아노에 맞춰 노래도 부르며 즐거운 시간을 보냈다.

애교 많은 스물여덟 여운이가 황성국 장로님 곁에 바짝 붙어 앉아

"첫 눈에 반했어요!"라고 말했다. 어쩜 하고 싶은 말을 거침없이 다 하는 아이들, 그 순수함이 부러웠다.

사람들은 선물을 포장하듯 말을 골라 하려고 애쓰는데, 장애인들은 있는 그대로 하고 싶은 말을 거침없이 쏟아낸다. 싫으면 당장 정색을 하고, 좋으면 좋다고 말한다. 한별이도 덩달아 머리 위에 손을 올리고 하트 모양을 하며 "사랑해요"라고 말한다.

오늘은 아이들이 크리스마스보다 더 즐거운 날인 것 같다. 평소 좋아하는 피자와 통닭을 실컷 먹어서 그런 것만은 아닌 것 같다.

안나회 사모님

2008년 5월 16일

밀양 해돋는복지센터에 안나회 사모님들이 모였다. 멕시코 황예행 선교사님이 안나회 사모님들을 위로하기 위한 귀한 일을 하셨다.

안나회는 남편 목사님이 소천한 후 홀로 된 사모님들의 모임이다. 목사님이 생존할 때는 섬기는 교회에서 목사님의 아내라는 자리를 지켜왔다. 그러나 목사님이 소천한 후에는 아무 명분이 없다. 그나마 큰 교회를 담임하던 목사님의 경우는 나름의 배려가 있겠지만, 개척교회나 작은 교회의 목사님일 때는 아무 것도 해 드릴 수가 없다. 그래서 홀로 남은 사모님은 목사님이 남기고 간 자녀들과 생활하기가 어렵게 된다.

황예행 선교사님은 일찍이 남편의 선교를 위해 미국으로 건너 가셨는데, 식구들을 데려다 두고 갑자기 남편 목사님이 소천하시어, 그때 겪은 어려움을 통해 홀사모님들의 형편을 충분히 아셨다. 아직 교단에서는 목사님 소천 후 사모님과 자녀들에 대한 아무 대책이 없음을 안타까워 하셨다. 그래서 금번에 홀사모님에 대한 성결재단의 대책 마련과 위로회를 위한 3박 4일 캠페인을 벌인 것이다.

장애인들의 보금자리인 밀양 해돋는복지센터에서는 안나회 사모님들을 초청하기 위한 준비로 분주했다. 일주일 전부터 대청소를 하고 잔치를 위하여 떠들썩했다. 아이들도 덩달아 기분이 한껏 들떠 있었다. 이부자리와 베개도 새로 준비하고 배추김치와 물김치도 담그고 밑반찬도 많이 만들었다. 환영을 위하여 특별 프로그램으로 성악가와 손무용 하는 분들도 초대했다. <안나회 여러분을 환영합니다>, <사모님 사랑합니다> 라는 커다란 글귀의 현수막을 붙이고 그야말로 축제의 시간을 가졌다.

황 선교사님은 "홀사모님들을 편하게 잘 모시고 최고로 잘 대접해야 된다"고 당부하셨다. 다행히 성전을 건축하고 2층에는 손님방이 마련되어 있어 모시기에는 충분했다.

5월이지만 밀양은 아직 추웠다. 보일러를 종일 가동하여 바닥을 뜨겁게 데웠다. 방 세 개와 거실 모두를 개방하고 사모님들을 따뜻하게 해 드리려고 정성껏 꾸몄다.

전국에서 70~80여 명의 사모님들이 오셨다. 신촌성결교회에서 요리를 담당하시는 임 권사님과 경기도 분당의 조 권사님 그리고 음식을 아주 잘 하시는 박 권사님이 오셔서 도와 주셨다. 김용원 목사는 예배 중 성찬식도 거행하였다. 사모님들은 주님의 사랑과 은혜를 회복하는 감사의 시간을 뜨겁게 보냈다. 안나회 사모님들을 위하여 하루는 부곡 온천에서 휴식을 하고 통영 한려수도를 순회하면서 통영관광호텔에서 1박을 했다.

밀양 해돋는복지센터에서 귀한 사모님들을 모실 수 있어서 참으로 행복했다. 아이들도 많은 분들이 오셔서 외롭지 않았다.

섬길 수 있는 시간은 자주 오는 것이 아니다. 섬기고 사랑하는 것은 기회가 주어질 때 실천해야 될 일이다. 누구도 감히 할 수 없는 일을 황예행 선교사님께서 서둘러 하셨다. 슬픔이 슬픔에게 기쁨이 기쁨에게 하듯이 하셨다.

장난 전화

2009년 7월 2일

이른 아침 아파트 초인종이 울렸다. 문을 열자 소방대원 두 분이 들 것을 들고 나타난다. 문 밖에는 비상등을 켠 앰블런스가 앵앵거렸다. 문 앞에 대기하고 있고 주민들이 몰려 나와 웅성거리고 있었다.

한별이가 장난 전화를 한 것이다. 지난번에도 이와 같은 일이 발생하여 따갑게 질책을 받은 적이 있었다.

소방대원들에게 정말 미안하다고 용서를 빌었다. 그리고 다시는 이런 일이 없도록 하겠다고 허리 굽혀 정중히 말씀드렸다.

한별은 가끔 심심하면 장난 전화를 잘 하는 편이다. 119에 전화하는 것은 어떻게 알게 됐는지 그런 면에서 똑똑하기도 하다.

새벽에 장난 전화를 하여 사람이 죽어간다고 전화를 했고 장애인의 어눌한 목소리를 들은 소방대원들은 급한 줄 알고 서둘러 달려온 것이었다.

불현듯 이솝 우화 속의 늑대소년 이야기가 떠올랐다. 만약 베데스다의집에서 정말 어려운 일이 발생하면 그때 도움을 못 받게 될 지도 모를 일이라는…….

아파트 주민들 중에는 아직도 장애인과 같은 곳에서 산다는 것에 대해 탐탁하지 않게 생각하는 사람들도 더러 있는데, 오늘 일이 반상회에서 거론되게 되면 무슨 소리를 듣게 될 지 걱정이 태산 같다.

소방대원들이 돌아간 뒤 한별은 겁이 나는지 미리 잘못했다고 펑펑 울었다. 정말 어처구니가 없었다. 한두 번 있는 일도 아니고 혼을 내지 않은 것도 아니다. 미안하다는 것을 안다는 것만으로도 다행이었다.

스물여섯 살 된 아가씨에게 "이제 다시는 거짓말하면 안 된다"고 힘주어 말하고 새끼손가락으로 약속을 했다. 한 번만 더 오늘처럼 거짓말하면 순경 아저씨에게 잡혀가고 우리 식구들은 아파트에서 쫓겨나게 된다고 겁을 주었다. 그리고 혼내는 대신 "사랑해"라고 꼬옥 껴안아 주었다.

아이들은 관심 받는 것을 좋아한다. 관심도 사랑이다. 때로 관심을 끌고 싶어서 일부러 잘못을 저지르기도 한다. 칭찬 받는 것은 잠시지만 잘못을 저지른 것은 관심 끄는 시간이 길다. 자신의 이름이 오르내리고 자신의 일로 떠들썩하는 것도 관심이라고 여기는 것 같다.

당신은 사랑 받기 위해 태어난 사람
당신의 삶 속에서 그 사랑 받고 있지요
당신은 사랑 받기 위해 태어난 사람
당신의 삶 속에서 그 사랑 받고 있지요
태초부터 시작 된 하나님의 사랑은
우리의 만남을 통해 열매를 맺고
당신이 이 세상에 존재함으로 인해
우리에게 얼마나 큰 기쁨이 되는지
당신은 사랑 받기 위해 태어난 사람
지금도 그 사랑 받고 있지요.
당신은 사랑받기 위해 태어난 사람
지금도 그 사랑 받고 있지요

– 이민섭 작사(CCM 찬양 복음성가)
「당신은 사랑 받기 위해 태어난 사람」

만리현해돋는교회의 헌당식

2009년 9월 19일

만리현해돋는교회를 건축하여 헌당예배를 드렸다. 모든 영광을 교회를 세워주신 하나님께 올려 드린다. 아름다운 성전을 건축하여 하나님께 감사드리는 날 그 은혜와 사랑은 필설로 다 표현할 수 없다.

지난날 장애인들과 함께 예배드릴 곳이 없어서 유리방황하던 양떼처럼 도시의 지하 건물과 지상 6층을 옮겨 다녔다. 엘리베이터 없는 4층과 6층 건물에서 걷지 못하는 장애인들을 김 목사님은 업고 오르내렸다.

그런데 공기 좋고 물 맑은 지상에서 장애인들과 마음껏 찬양할 수 있는 교회를 주셔서 얼마나 기쁜지 모른다.

밀양에 부지를 마련할 수 있도록 도와주신 미국의 황예행 선교사님, 황성국 장로님과 해돋는교회를 지교회로 삼아주신 만리현교회에 뜨거운 감사를 드린다. 그리고 후원해 주신 각 교회와 아름다운 손길에도 사랑과 감사를 잊을 수 없다. 이렇게 아름다운 교회가 건립된 것은 전적으로 하나님의 도우심에 힘입은 것이다.

서울 만리현교회에서 교회 버스로 당회장님을 비롯한 재직원들이 많이 오셨다. 부산성결교단의 목사님들을 비롯한 원근 각지에서도 만리현해돋는교회 헌당을 축하해 주기 위하여 귀한 걸음을 해 주셨다.

식사는 성전과 주방 그리고 뜨락에 천막을 치고 뷔페로 차려졌다. 신명난 고추잠자리들이 즐겁게 날아다니고 교회 주변에서 있는 나뭇가지마다 빨간 열매들이 기쁨을 주렁주렁 매달고 있다. 들국화 향기 그윽한 성전에는 감사와 찬양의 꽃이 피어오른다.

순서에 따라 '해돋는교회는 서울 만리현교회의 지교회로 삼는다'는 헌당보고가 있었다. 나는 감개무량한 하나님의 뜻이 어디 있는지 알지 못했다. 다만 나도 모르게 인간으로서 김용원 목사님의 수고가 감소되는 것 같아서 서운했다.

돌이켜보면 그렇게 소망하던 부지는 마련했는데, 센터를 건립

할 수 있는 재정마련이 안 되어 예전 건물을 리모델링하여 장애인들과 함께 지탱해왔다. 주일이면 거실에 둘러앉아 예배를 드렸다. 그러나 거실에서는 제대로 예배가 되지 않았다. 김 목사님은 교회 건축을 일심으로 기원했다. 일반교회 목회가 아닌 받들어 섬겨야 하는 장애인들은 그 누구도 손들어 줄 사람이 없었다. 우선 부지를 담보로 은행에서 융자를 받아 건축을 시작했다. 은행이자는 잠을 자지 않았다. 목사님은 어느 날 왼쪽 동공이 돌출하는 어려움을 겪었다. 그런 가운데서 교회가 세워졌다. 이 모든 것은 하나님께서 하셨다.

교회를 지어 하나님께 영광 드리는 기쁜 날, 구름 한 점 없이 높은 하늘은 눈이 시리게 푸르다. 돌 틈 사이로 얼굴을 내민 노란 민들레 손등이 촉촉이 젖어 있다.

어지러운 세상
정결케 하려고
만리현해돋는교회
해돋는집의
새로운 태양이 떠오른다
방황하던 불신의
우리 허울 벗겨내기 위해
어두운 땅에 해가 돋는다
잠든 자들 깨어나
하늘의 영광 땅의 환희로
해돋는 시간이
풍기는 향기 그윽하다
구름 낮게 웅크리는
캄캄한 밤에
충만한 평화 날개짓한다

너그러운 사랑을 펼치며
은혜로운 햇살 퍼져나가
살 찢은 희생 가르치고
피 흘린 자애 베풀게 한다

만리현해돋는교회
해돋는집
죽어가는 자 일으켜
연면한 믿음의 긍지 일깨운다

흐려지는 소망 다그쳐
새 빛을 자라게 한다
그 빛은 힘차게 솟아올라
기드온 삼백용사 눈뜨게 하고
의심하던 자들 당당히
물 위를 걷게 한다

그 빛 짙게 타올라
사신우상 무너지게 하고
위선의 깃발 끌어내린다
하늘에 계신 우리 아버지
해돋는집을 비추어
삭막한 지상 밝혀 준다
더욱 낮아지고
더욱 온유케 하려
겸손히 살라는 복음
만리현해돋는교회 해돋는집
주 안에서 영원하리라

- 축시「만리현해돋는교회 해돋는집의
새로운 태양이 뜬다」 전문
글 하현식 시인 / 낭송 이옥순 시인

목욕탕에서 생긴 일

2010년 3월 23일

대중탕으로 목욕하러 가는 날이다. 어머니들로 구성된 농협 하나로봉사대원들이 해운대 그룹홈 장애인들에게 목욕을 시켜 주기 때문이다. 봉사팀 어머니들은 20여 년이 넘도록 매달 날짜를 정하여 장애인들을 공중탕에 데리고 가서 심신을 깨끗하게 목욕을 시켜 주었다. 아이들은 매일 집에서 샤워를 하지만 목욕탕에서 씻는 것만 못하다.

목욕을 마친 후 옷을 갈아입히고 준비해 온 200ml 우유를 한 팩씩 먹여 주고 있을 때, 손님 가운데 한 분이 장애인이 거슬린다는 기분 나쁜 표정을 지었다. 그러더니 목욕탕 밑바닥에 막아 놓은 코르크를 뽑아 물을 다 흘러 보내고 다시 새 물로 바꾼 것이었다.

장애인이 몸을 담갔던 물에 자신의 몸을 담그기 싫은 것이었다.

대중목욕탕에는 겉으로 잘 드러나지 않아도 피부병이 있는 사람들도 있을 것이다. 또한 전염병이 될 여건을 가지고 있는 사람도 있을 것이다. 그러나 장애인은 전염병 환자가 아니다. 다만 조금 불편할 뿐이다. 비장애인보다 조금 부족하고 다소 능력이 떨어지긴 해도 한 사람의 인격자로서 대우를 받았으면 좋겠다. 그리고 특별대우로서 동정의 대상이 되지 않았으면 좋겠다.

장애인이 몸을 담갔던 탕 속의 물을 모조리 빼버리는 것은 장애인에 대한 말없는 폭력이다. 아무 것도 모르는 나리, 여운, 예란, 한별은 잘 익은 사과 같은 두 볼을 반짝이며 시원하게 우유를 들이키고 있었다.

"오늘도 아이들을 깨끗하게 씻겨 주셔서 감사합니다, 정말 수고하셨습니다."라고 인사를 하자 봉사해 주신 어머니들은 "아이들을 씻겨주고 가면 점심도 맛있고 자신들이 더 즐겁다."고 했다.

비 개인 어느날

2010년 3월 29일

아침에 쏟아지던 비가 말끔히 그쳤다. 비 개인 날 햇살은 어느 때보다 더 청명하고 따스했다. 겨울이지만 봄날 같아서 아이들과 함께 집 앞에 있는 해동초등학교 운동장으로 나들이 갔다.

해운대에 살고 있는 베데스다의집 친구들은 복남, 여운, 은희, 윤희, 한별, 예란, 나리, 민아, 국이, 호윤까지 열 명이다. 아쉽게도 민아는 집에 가고 누워만 있는 현국이는 휠체어가 없어서 데리고 가지 못했다.

새로 온 정 복지사와 함께 집 밖을 나가자 모두들 소풍가는 기분으로 들떠 있다. 혹시 옷 입은 채로 실례할지 몰라서 기저귀와 여벌옷도 챙겼다. 원래 많은 식구가 움직일 때는 아이들 한 명에 봉사자 한 명이 필요하다. 집 앞이라고 쉽게 생각했는데 통제하기가 힘들었다. 장애인들은 유리그릇과 같다. 자칫 잘못하면 다치기 쉽다. 어린 아기를 보살피듯 조심해야 한다. 하나하나 잘 챙겨주고 보호해야 하기에 가볍게라도 한 번 움직이는 것이 여간 신경 쓰이지 않았다.

집을 나서자 아이들이 너무 즐거워한다. 시키지 않았는데도 서로 손을 잡고 밀고 당기면서 넘어지기도 한다. 땅을 쿵쿵 밟으며 걷는 나리는 연신 흥얼댄다. 아이들은 손을 잡지 않으면 불안하다. 한꺼번에 밖으로 우르르 몰려 나가자 아파트 주민들이 힐긋힐긋 쳐다보았다.

방학 중이지만 날씨가 따뜻한 탓인지 운동장에는 놀고 있는 학교 아이들이 많았다. 달리기를 하기 위하여 하얗게 그어놓은 선 안으로 들어가 걸었다.

늑목과 구름사다리, 시소도 타고 사진도 찍었다. 몸무게가 100kg이 넘는 한별이는 체중에 관계없이 늑목 꼭대기에 올라가 아래로 내려다보며 자랑스럽게 손을 흔들었다. 빨리 내려오라고 하자 의기양양한 듯 어깨를 추슬러 올렸다.

미끄럼을 탈 때는 한 명씩 데리고 올라가 등을 살짝 밀어주었다. 정 복지사는 미끄럼틀에서 내려오는 아이들을 안전하게 받아 주었다.

밖에 나와서 함께 놀아 주는 걸 좋아하는 아이들을 위하여 이제부터 좀 더 자주 데리고 나와야겠다고 생각했다.

포근한 날씨만큼 식구들과 즐거운 시간을 보냈다.

아이들과 시소를 타고 있다. 한 쪽이 올라가면 마주 앉은 아이가 내려간다. 올라갔다가 내려가고 내려갔다가 다시 올라오는 시소놀이, 생의 숨결도 상승했다가 부질없이 하강한다. 사랑의 절정과 몰락을 거듭하는 덧없는 틈새에서 뭉게구름이 흐르고 태양은 비웃듯이 쏟아진다. 한바탕 삶의 마당처럼 드러누운 놀이터 한복판에서 뜨거운 웃음의 열기가 피었다 진다. 잠자리들은 허공에서 비행을 꿈꾸고 불볕에 데인 늑목은 몸을 식힌다. 발바닥이 뜨거운 해가 시소 등판에 풀썩 스러지면 날은 금방 어두워지고 이름을 부르는 떨리는 목소리가 놀이터 부근에서 맴을 돌면 아이들은 시소를 버리고 돌아가야 할 길을 바라본다. 거부할 수 없이 켜켜이 내린 어스름, 시소 가장자리에 노곤한 바람이 걸터앉는다. 햇살이 스쳐간 자리 식지 않는 아이들의 갈등이 나뒹굴고 허망한 생의 이슬 한 점 이마를 들이민다.

- 졸시「시소놀이」전문

봄날 읽기

2010년 4월 3일

봄은 어김없이 왔다. 아직 꽃샘추위가 은산마을 주위를 맴돌고 있지만, 해돋는집 뜨락에 제일 먼저 찾아온 봄은 마른 목련과 벚나무에 불을 당긴다. 봄비까지 찾아와 마른 땅을 촉촉하게 적셔 준다. 이제 곧 온 세상은 향기로운 봄으로 확 퍼질 것이다.

지난 겨울은 유달리 추웠다. 수돗물이 꽁꽁 얼어서 그릇을 씻는 일에서부터 식사 준비까지 어려움을 많이 겪었다. 빨리 봄이 오면 좋겠다고 생각했는데, 그래서인지 이번 봄은 더욱 반가웠다.

추운 겨울을 이기고 제일 먼저 피어난 아늑한 매화와 눈부시게 하얀 목련이 향기를 토해낸다. 복사꽃, 배꽃도 뒤질세라 웅성거리며 덩달아 피어난다.

남자 아이들은 햇살 충만한 뜨락을 뛰어 다니고 여자 아이들은 바구니를 들고 나물을 캐러 다닌다. 쑥과 냉이, 씀바귀들이 언 땅을 떠밀고 나와서 푸른 얼굴을 쳐든다. 길 앞 논두렁에는 작년에 웃음을 터뜨리고 간 미나리 싹이 연둣빛으로 돋아난다.

식당에서는 냉이국 끓는 냄새가 아이들의 식욕을 끌어당긴다. 식사 시간이 제일 즐거운 식구들, 한 그릇씩 단번에 비워낸다.

주일이 되면 예쁜 옷으로 갈아입고 예배당에 들어가 예배를 드리는 아이들, 반짝이는 눈으로 목사님 설교도 잘 듣고 이제는 헌금도 드릴 수 있는 신앙의 분량까지 성장했다. 예배드릴 때마다 햇살은 조용히 걸어와 빈자리를 채우고, 은산마을을 지나가던 바람도 걸어와 글을 모르는 아이들에게 성경책을 넘기며 요한복음을 찾아 준다.

새로 눈 뜬 자연들과 아이들은 목사님이 전해주는 하나님 말씀을 듣는다. 때에 따라서 '아~멘'도 할 줄 안다. 상기된 얼굴은 해처럼 밝다.

빨리 예배가 마치기를 기다리는 아이들, 마음은 벌써 밥상 앞에 가 있다. 몸은 불편하지만 순수한 아이들과 함께 지내는 이곳은 에덴동산이다. 사랑과 감사가 넘쳐나는 동산에는 항상 주님이 함께 계신다.

이 곳은 주님이 떠날 수 없다. 그들에게서 잠시도 눈을 뗄 수 없기 때문이다.

키 낮은 꽃들이 걸어온다
요한복음 3장 16절이 들판에 뿌려져
죽었던 땅들이 일어나
잔잔한 갈릴리 바다로 출렁인다

올해 3월에는 폭설이 내리고
푸르던 수목들은 백발을 이야기한다
그대 따스한 입김 스칠 때마다
낯선 마을에서 들리는 나직한 속삭임
갈라진 하늘과 땅 사이를 이어주고
남쪽으로 부는 풍문이 강물을 푼다

일백 년 만에 내린 백설의 표정에
봄의 어깨가 왼쪽으로 휘어졌다
다시 흔들리지 않을 그대 옷자락
베다니 언덕을 넘어와
내 메마른 뜨락에서
하얗게 넘실대며 추위를 덮고 있다

나뭇가지들은 손가락 끝에 꽃등을 켜고

간 머리칼 날리며
세 번째 마리아가 되어
차디찬 담장 위에 눕는다

늦게 당도한 하늬바람이 나풀거리자
이윽고 게으른 가롯 유다가 깨어난다
우둔한 가로수에서 천개의 잎이 틔면
배롱나무 그림자 아래에 선
여린 순들의 수런거림에 귀가 열린다

갓 태어난 강아지풀의 눈망울이
새 하늘을 읽는다
물빛에 젖는 잔등을 펴며
지상의 응달을 찾아온
나사렛 동네의 그대를 만난다
겨자씨 같은 환한 깃발이
싹트는 거친 벌판이 아스라이 보인다

- 졸시「봄날 읽기」전문

김밥 만들기

2010년 5월 28일

오늘 교육프로그램은 김밥 만들기이다. 지적장애인들 중에서 다섯 명을 뽑아서 앞치마를 입히고 손에 일회용 장갑을 끼워 주었다.

미리 김밥 속에 들어갈 재료를 준비하였다. 지단을 부친 계란, 우엉, 단무지, 맛살, 당근, 오이, 어묵들을 자르고 볶아서 큰 쟁반에 가지런히 올려놓았다. 고슬고슬하게 지은 밥에 참기름을 조금 넣고 통깨를 뿌린 후 소금을 약간 넣어 심심한 정도로 간을 하였다. 윤기가 흐르는 밥이 고소하다. 이제 김을 펴고 밥을 얇게 펴서 김의 3분의 2 정도로 하여 재료를 올려서 돌돌 말면 된다.

봉사자와 함께 김밥을 싸는 멋진 요리사들이 너무 즐거워한다. 복남이와 여운, 그리고 범이는 시키는 대로 잘 따라 한다. 한별이는 도와주는 선생님이 얼굴을 잠시 돌리는 사이에 긴 맛살 하나를 잽싸게 입 속으로 넣어 버리고 모른 체한다. 명아는 처음부터 잘 못하여 김밥이 찌그러졌다. 두 번째 할 때도 너무 밥을 많이 넣어서 김밥 옆구리가 터져 버렸다.

까만 외투를 입은 김밥들이 쟁반 위에 나란히 누워 있다. 김밥들의 모양이 각각 다르다. 뚱뚱한 것, 날씬한 것, 옆구리 터진 것을 김으로 땜질한 것들이 흥미롭다. 칼로 둥글게 자른 뒤 김밥 속을 들여다보았다. 알록달록한 모양이 곱다. 어울림 한마당이다.

오늘 가사 실습체험을 한 아이들은 자신이 싼 김밥을 다른 친구들에게 나눠 주는 것이 얼마나 뿌듯할까? 나눠 주는 기쁨은 받는 것보다 배로 넘칠 것이다. 말하지 않아도 얼굴이 상기된 다섯 명의 요리사 얼굴에 쓰여 있다.

아카시아 향기

2010년 6월 1일

아카시아가 푸름 속에서 향기를 토하는 유월이다. 창문을 열고 맑은 공기와 새의 노래 소리에 귀를 기울이는 베데스다의집 식구들은 상기된 얼굴로 새 날을 맞이한다.

예란이는 거울을 보고 히죽히죽 웃는다. 민아는 머리에 별이 달린 핀을 꽂고 제자리에서 빙 돌아본다. 아직 자기관리가 쉽지 않은 나리도 예쁜 가방을 메고 자꾸 밖으로 나들이 하고 싶어 한다. 봄은 많은 변화를 보인다.

베데스다의집 식구들이 이렇게 자신의 생각을 표현할 수 있는 것은 많은 시간이 필요했다. 로마가 하루아침에 이루어지지 않고 강물이 유유하게 흘러가듯 너그러움을 생각하게 했다.

아침에 일어날 때부터 먼저 화장실 가려고 소란을 피우는 아이들, 봄날 꽃들이 웅성이며 피어나듯 왁자지껄하다.

올해는 살을 빼서 배우 김수현과 꼭 닮은 남자랑 결혼을 하고 싶다는 여운이는 다이어트 한다고 신경을 많이 쓰고 있다. 평소 좋아하는 고기는 적게 먹고 운동을 열심히 하겠다고 큰소리친다. 큰언니인 복남은 긴 머리를 자르고 반짝이 보석이 박힌 머리띠를 사고 싶다고 한다.

집 밖에는 폭등하는 물가와 취직 문제 등 세상 살아가기가 힘들다는 아우성이 야단이지만, 우리 식구들은 전혀 걱정을 모른다. 바람이 불어도 비가 와도 아무 상관이 없다.

"오늘 맛있는 게 뭘까?" 그리고 티브이를 좋아하는 친구는 "오늘 티브이에서 어떤 개그 콘서트를 할까?"가 관심사이다.

참으로 단조로운 베데스다의집 식구들의 일상이다. 그렇지만 매일 감기(감사와 기도)를 달고 산다. 은혜롭게도 매일 저녁마다 함께 모여 예배를 드리는 것을 좋아한다. 어쩌다 깜빡 잊게 되는 날이면 똑똑한 여운이는 "예배 안 드려요?"하고 챙겨준다.

유달리 목소리가 좋은 나리는 아직 기저귀는 벗지 못해도 찬송은 잘 부르고 "감사합니다"라고 말도 잘 한다. 예전에는 화가 나면 꼬집고 고집을 피웠는데, 이제는 얌전한 아가씨가 되어가고 있다.

아무 것도 아닌 것 같지만 식구들이 점점 좋아지는 것을 볼 때 죽은 나무 등에서 꽃이 피는 것을 보는 것 같다.

오늘도 해운대 앞바다를 건너서 봄바람이 불어오고 따스한 햇살이 문지방을 넘어 온다. 가슴 설레는 희망도 푸른 파도처럼 몰려오고 있다.

통영 나들이

2010년 8월 5일

통영으로 1박 2일 나들이를 떠났다. 배낭을 메고 장애인과 비장애인이 짝을 지어 대절한 버스에 올랐다. 이른 아침부터 왁자지껄 떠들어댔다. 나들이를 갈 때는 언제나 그랬던 것처럼 분주했다. 아이들과 함께 나들이를 하면 기본적으로 챙길 것이 많았다. 마실 물과 간식은 물론이고 기저귀, 속옷, 여벌옷, 생리대, 상비약, 물티슈, 소변기, 휠체어 등은 빠뜨리면 안 되었다.

삼면이 바다로 둘러싸인 한려수도 통영에 도착하여 먼저 도남동 관광호텔에서 여장을 풀었다. 울창하게 둘러싸인 동백나무 아래로 바다가 반갑다는 듯 넘실거렸다. 유리같이 잔잔한 바다 위로 크고 작은 배들이 미끄러지듯 지나갔다. 고요한 바다의 물결이 춤을 추었다. 파도가 사라지면 하얀 포말이 그리움처럼 여운을 남겼다. 마치 한 폭의 동양화를 보는 것 같았다.

통영의 예전 이름은 충무였다. 통영으로 지명이 바뀐 것은 이곳이 임진왜란 때 '삼도수군통제영'이 설치되어 있었던 곳이라는 역사성 때문이다.

'삼도수군통제영'은 1604년에 설치되어 1895년 폐영될 때까지 292년간 경상, 전라, 충청의 삼도수군을 지휘하던 본영(현재 해군본부)을 말한다. 임진왜란 당시 초대통제사로 임명되었던 이순신 장군의 한산도 진영이 최초의 통제영이었으며, 현 통영에 위치한 삼도수군통제영은 6대 통제사인 이경준 통제사 때 설영된 장소이다. 통제영의 중심 건물로는 조선시대 가장 큰 목조 건물 중 하나인 세병관(국보 제 305호)이 있다.

통영관광호텔을 운영하는 강석동 집사님 부부의 배려로 통영 나들이를 간 부산베데스다선교회의 일행은 생전 처음으로 관광호텔에서 1박을 하게 되었다. 미리 준비해 주신 점심은 잔디밭에 호화로운 뷔페로 차려져 있었다. 아름답고 분위기 있는 곳에서 오찬을 즐기기도 전에 식탁은 아수라장이 되었다. 석원이가 뒤집은 접시의 음식들이 바닥에 나뒹굴어져 질펀했다. 진이가 먹고 있던 제육볶음을 지민 쌍둥이 형제가 손으로 움켜쥐고 와서 먹고 흩는 바람에 둥근 식탁은 난장판이 되었다. 계속 교육을

해도 잘 고쳐지지 않는 버릇 때문에 식사시간 때마다 한바탕 전쟁을 치른다. 손으로 음식을 덥석 움켜쥐고 와서 입으로 넣고 흩어버리는 버릇은 음식을 먹지 못해서가 아니다. 흥미로 매번 그렇게 산만하게 하는 것 같다.

아이들과 함께 한 점심은 정신을 혼미케 했지만, 해풍에 머리카락을 날리며 꿀맛처럼 먹은 추억은 지울 수 없다.

먼저 준비해 간 수영복을 입고 도남동 해수욕장에서 수영을 하였다. 안전을 위하여 복지사들은 허리만큼 닿을 만한 물속에 들어가서 아이들이 멀리가지 않도록 지켜보고 있었다. 110kg이 넘는 한별은 들어가지 않는 수영복을 낑낑거리며 간신히 입고 거친 숨을 헐떡이며 물속을 걸었다. 역도 선수 같은 모습을 보고 모두들 웃음을 참지 못하자 의기양양해진 한별은 봉사자들을 향하여 두 손을 여유 있게 흔들어 주었다.

둘째날, 동양 최초의 바다 밑 터널인 해저터널을 걸었다. 준공년도가 1932년인 해저터널은 500m 조금 못 되지만 통영을 자랑하는 곳이다.

해저터널은 일본사람들이 만들고 패전하여 도망할 때도 이곳을 향해 달아났다고 전해진다.

남망산 공원에 오르자 멋진 조각공원이 조성되어 있었다. 꼭대기에 올라가자 이순신 장군의 동상은 아직도 큰 칼을 옆에 차고 있었다. 바람 앞에 등잔 같은 나라를 구하기 위하여 몸을 바친 장군의 정신은 소나무 빛깔처럼 살아 있는 듯하여 숙연해졌다.

동상 앞 팔각정에서 내려다보니 통영의 앞바다가 훤히 보였다. 푸른 바다는 이순신 장군의 충성과 절개를 말해 주는 것 같았다. 아이들은 피곤했는지 팔각정을 방인 양 다리를 쭉 뻗고 더러 눕기도 하였다.

통영시 중앙동 시장 근처 강구안에는 거북선이 한 척 매여 있었다. 거북선의 정식 명칭은 조선군선이다. 거북선 안을 구경하고 아이들에게 관복을 입혀 기념사진을 찍었다. 모자를 삐딱하게 쓴 남자 아이들은 장난기는 어려 있지만 모두 늠름한 병사들 같다. 조선시대에 건강하게 태어났더라면 나라를 위해 큰 힘을 보탰을 것이다.

석이와 훈이는 거북선 안을 산만하게 뛰어다녔다. 꼭 잡은 손을 뿌리치고 달아나는 현이를 봉사자 학생은 잡으러 다녔다.

거북선을 타자 한산대첩이 떠오른다. 한산대첩은 임진왜란 때 일본수군을 한산도 앞바다에서 크게 격파했던 싸움으로 전라좌수사 이순신이 전라우수사, 경상우수사와 함께 연합해서 적선 60여 척을 불태우고 수백 명의 왜군들을 죽여 전멸시킴으로써 왜군이 전라도를 침공하는 것을 막았다.

통영에서는 해마다 '한산대첩축제'를 통하여 임진왜란을 승리로 이끈 한산대첩을 기리고 이순신 장군을 추앙하며 지역민의

화합을 다짐하기 위해 사또행차, 남해안별신굿, 승전무, 통영오광대, 통영검무 등 종합축제를 벌이고 있다.

다시 버스를 타고 새로 조성된 이순신 공원에 내렸다. 우뚝 솟아오른 이순신 동상이 한 눈에 보였다. 남망산 공원보다 훨씬 크고 넓은 이순신 공원(구, 한산대첩 기념공원)은 통영시의 대표적인 성지로 통영 정량동에 있는 망일봉 기슭 바닷가에 자리하고 있었다.

1592년 8월 14일 조선 수군과 일본 수군이 해상수도권을 다툰 해전에서 충무공 이순신 장군이 이끄는 조선 수군이 일본 수군을 대파함으로써 해상주도권을 장악하여 식량보급로를 확보하고 수륙병진작전을 전개하려던 일본 수군의 전의를 상실케 한 임란의 최대승첩지인 것이다. 성웅 이 충무공의 애국애족 정신을 기리고 거룩한 호국의 얼과 높은 뜻을 선양하고 기념하기 위하여 세워진 곳이라고 한다. 이순신 공원은 조성된 지 얼마 되지 않았지만 아름다운 풍경과 함께 바닷길을 따라 걷는 산책로가 너무 멋있었다.

아이들의 교육을 위하여 관람료를 내고 산양읍 미륵산 기슭에 있는 통영수산과학관에도 들렀다. 삼덕항을 지나 달아공원에서 1km 거리의 맨 끝자락에 자리잡은 통영수산과학관 건물 입구에는 많은 배들이 전시되어 있었다. 돛단배와 고기잡이 배 앞에서 아이들과 기념사진도 찍었다.

과학관 안에는 조타실과 조각퍼즐 맞추기, 어업방법을 소개하는 곳도 있었다. 굴과 멍게, 예쁜 조개껍데기와 산호들 그리고 물고기들이 살아있는 듯한 화면 속에서 갑자기 상어가 나타나 여자 장애인들은 울음을 터뜨리기도 했다. 통영수산과학관에서 아래로 내려다보았다. 다도해의 푸른 바다 위로 크고 작은 섬들이 겹겹이 펼쳐있는 풍경이야말로 바라보는 이들로 하여금 입을 다물지 못하게 한다.

시계가 오후 4시를 가리켰다. 통영의 유명한 충무 김밥으로 허기를 채우고 부산으로 가기 위해 60여 명의 일행은 서둘러 버스와 봉고에 나누어 몸을 실었다.

시인 백석은 통영 강구안 골목에서 '자다가도 일어나 바다로 가고 싶은 곳이다' <통영 2>라고 노래하고 있었다.

통영은 작은 도시지만 역사와 예술과 문학의 푸른 숨결이 살아있고 경관이 한국의 나폴리에 비유된다. 참으로 아름다운 통영은 작은 거인 같다.

통영은 가 볼 곳이 많아서 1박 2일은 부족했다. 짧은 일정 속에서 많은 곳을 가 보려고 욕심을 낸 탓인지 장애인 친구들은 싱싱한데, 봉사자 학생들의 눈은 피로에 지쳐있었다.

어르신을 위하여

2010년 10월 11일

밀양 은산마을의 어르신들을 모셨다. 아침부터 이장님이 방송을 하셨다. 마이크 속의 목소리가 햇살을 타고 온 동네에 퍼져나갔다.

"오늘 12시 해돋는복지센터에서 경로잔치가 있으니 한 사람도 빠짐없이 모두 참석 부탁합니다".

집집마다 걸려 있는 확성기를 통해서 아침의 메시지가 울려퍼진다.

고추잠자리가 두 팔을 벌리고 넓은 뜨락을 신명나게 날고 있다. 시작 시간이 되자 동네에서 어르신들이 몰려들기 시작했다. 건강하신 분도 계시지만 지팡이를 짚고 오시는 분, 휠체어를 타고 오시는 할머니도 계셨다.

부엌에서는 고기 삶는 냄새가 코끝을 자극한다. 소고기국, 양념고기볶음, 생선전과 부추전, 잡채, 전어회무침, 돼지고기수육 등을 준비하고 방앗간에서 주문해 온 떡과 과일 등 다양하다.

인근 마을 어르신들은 빠짐없이 다 참석한 듯하다. 식사를 대접한 후 아이들이 그 동안 연습해 온 율동 "돈으로도 못가요 하나님 나라"와 "아름다운 마음들이 모여서" 그리고 찬양을 보여드렸다. 여운이는 피아노를 연주하고 나는 하모니카 연주로 "고향의 봄"을 불렀다.

서툰 솜씨이긴 하지만 어르신들을 섬길 수 있어서 좋았다. 늘 사랑만 받아 온 우리들이 그 사랑을 되돌려줄 수 있어서 행복했다. 행복은 사랑을 받을 때보다 사랑을 줄 때 기쁨이 배로 넘친다.

하얗게 몸을 씻은 고무신들이
탯돌에 나란히 앉아
환하게 일광욕을 한다
심술궂은 바람결이 와서
윤기 나는 코빼기를 만지작거리고
너덜거리는 뒤꿈치의 웅덩이에

지친 날들의 추억 고여 있다
말간 물안개 피어나는 안창
등굽은 햇볕이 들여다보며
김빠진 웃음소리 펼쳐놓고 있다
금간 옹기의 웃자란 수국타래들
다투어 물결치며 햇살 짓고
갓 말아 올린 펌머리 반짝인다
302호 흐린 창가에서
먼 산 진달래 꺾는 할머니
수척한 볼에 진달래 꽃물 달아오른다
봄날에 실성한 밥상 위에는
요양원 정문을 빠져 나간 길들이
못내 뒤돌아보며 혼자 펄럭인다

- 졸시「희망요양원 1」전문

제 2장

가을 삽화

햄버거 먹는 날
가을 나들이
하얀 눈이 왔어요!
여운이의 대학 졸업
포근한 주일
준수가 앓은 날
양산 예은의집
아롱이의 기억
지하철 타기 체험
가을 삽화
장롱 속의 방
바람 부는 날
우리의 설날
호윤을 보내며

햄버거 먹는 날

2010년 10월 12일

오전에 S교회 신 권사님이 전화를 주셨다. “오늘 2시에 햄버거 사 가지고 갈게요” 하신다. 지금까지 20년을 넘게 변함없이 베데스다의집 장애인들에게 햄버거를 공급해 주시는 권사님을 장애인들은 ‘햄버거 권사님’이라고 부른다.

권사님은 장애인들을 항상 ‘아이’라고 하신다. 그렇다. 장애인들은 영원한 아이다. 나이는 성숙한 어른이지만 정신 연령은 역시 어린애 수준이다.

2시에 따끈한 햄버거를 가져 오신 권사님은 아이들을 항상 기억해 달라고 축복을 해 주신다. 매번 따끈한 햄버거를 나누어 주시는 권사님께 감사하다고 인사를 드리자 오히려 아이들에게 햄버거를 나눠 줌으로 인해 자신이 기쁘다고 하신다. 작은 자에게 냉수 한 그릇 대접한 것도 잊지 않으신다고 하셨던 주님의 말씀이 떠오른다.

지난 토요일 전철을 기다리다 지하철 안의 벽보에 걸려 있는 옛 성인의 문구가 잊혀지지 않는다.

"기이위인기유유(旣以爲人己愈有) 기이여인기유다(旣以與人己愈多)"

노자의 도덕경에 나오는 말이다. "내가 먼저 나눠 줌으로써 내가 더 넉넉하게 된다"는 것으로 남을 위해 베풂으로 내 것이 생겨나고 남과 나눔으로 내 것은 많아진다는 뜻이다. 노자는 도덕경에서 나눔의 미학은 나누면 더 큰 것으로 채워지는 즉 나눔의 기적을 말하고 있다.

이 가을 풍성한 벌판을 보며 강렬한 태양빛이 나누어 준 사랑을 본다. 알알이 영그는 열매는 농부의 기쁨이자 희망이다. 자연은 땀 흘린 만큼 열매를 맺게 된다는 것을 깨닫게 한다. 베푼 사랑을 먹으며 아이들은 튼실한 희망으로 자란다.

가을 나들이

2010년 10월 19일

가을 햇살을 받으며 나들이를 한다. 해운대에 사는 베데스다의집 식구들과 정 복지사 모두 꽃단장한 모습이 예쁘다. 평소 입술에 바르지 않던 루주도 빨갛게 바르고 모두 꽃순이 같다. 코발트빛 하늘이 너무 아름다워 마음까지 맑아진다. 바람이 불 때마다 아침에 로맨틱로즈로 머리를 헹군 향기가 코를 스친다. 기저귀를 찬 20대의 아가씨는 빨리 걷지 못하고, 큰언니는 다리가 불편하여 신발을 질질 끈다.

빨리 걷지 못하는 식구들과 걸을 때는 보폭을 맞추어 천천히 걸어야 한다. 마음을 느긋하게 해야 걸음이 느려진다. 계속 종알거리는 민아는 빨리 걷는다. 우리 식구들은 밖에 나갈 때 꼭 손을 꽉 잡는다. 손을 잡지 않으면 허전한 것 같다.

지나가는 사람들이 우리를 구경거리처럼 쳐다본다. 거리에는 차들이 질주하고 오토바이도 빵빵거리며 지나간다.

복남은 윈도우 안에 마네킹이 입고 있는 빨간 원피스가 맘에 드는지 걸음을 멈추고 한참 들여다본다. 애란이는 오라는 곳도 없는데 빨리 가자고 걸음을 재촉한다. 우리는 해운대 역 앞의 국민은행을 지나서 우체국 옆 건물인 스펀지 안으로 들어갔다.

스펀지 안에는 옷가게와 가방가게도 있고 신발가게 그리고 엑세서리 파는 곳도 있다. 먼저 옷가게와 가방가게에 들렀다. 옷가게 주인은 여럿이 몰려온 우리들을 이상한 눈빛으로 바라보았다. 여운은 가방 가게에서 예쁜 가방들을 만지작거리며 자리를 떠날 줄 모른다. 비싼 가방을 사고 싶다고 떼를 쓰는 것을 달래느라 혼났다. 그리고 신발가게를 거쳐서 엑세서리 파는 곳에서는 머리에 꽂는 핀을 하나씩 사 꽂아주었다.

"점심은 뭘 먹을까?" 물어 보자 피자를 먹고 싶어 한다. 2층에 있는 피자헛으로 가기 위하여 에스컬레이터를 탔다. 계단에 올라타자 식구들은 무서운지 손을 더 힘주어 잡는다. 손 안이 땀으로 젖어 있다. 피자헛에 들어가서 테이블에 마주보고 앉아 마른 목부터 축였다. 접시 하나 가격을 주면 샐러드와 요플레는 무한리필이다. 식구가 많아서 접시 값 육천 오백 원이 아깝지 않았다.

다른 테이블에서는 손님들이 우아하게 스파게티를 먹는데, 아이들은 얼굴에 화장을 한다. 콜라를 쏟고 샐러드를 바닥에 흘리는 등 순식간에 테이블은 난장판이 되었다. 어수선한 분위기 속에서 사진을 찍으며 즐거워하는 우리들을 사람들은 계속 쳐다보았다. 주문한 콤비네이션피자가 채 나오기도 전에 모두들 배가 부른 것 같았다.

우리 식구들이 쇼핑하는 것과 외식을 이렇게 좋아할 줄은 미처 몰랐다. 장애인들과 함께 집 밖으로 나오려면 기저귀와 여벌 옷 등 준비할 것이 많아서 다소 복잡하지만 가끔씩 나들이를 하면 좋겠다. 가을이 가기 전에 우리 식구들과 지난 가을처럼 기차 여행도 하고 영화도 한 번 볼 수 있으면 좋겠다.

하얀 눈이 왔어요!

2011년 2월 16일

지난밤에 눈이 왔다. 우리가 잠든 사이에 눈은 발꿈치를 들고 살금살금 내려왔나 보다. 눈을 떠보니 온 세상이 하얗게 변해 있다. 너무 눈이 부시어 바라볼 수가 없다.

눈이 소복이 내려 빈 가지마다 솜이불을 덮고 있는 것 같다. 장애인 친구들은 신이 나서 눈길을 걷는다. 푹푹 빠지는 눈 속에서 발목이 풀린 신발을 찾기도 한다. 아롱이, 세리, 쫑이, 짱이도 좋아서 눈 위를 뛰어 다닌다.

눈과 눈이 서로 몸을 부딪칠 때마다 하얀 눈꽃들이 아름드리 나뭇가지에 꽃을 피운다.

눈사람을 만들어 마른 나뭇가지를 주워와 눈사람의 눈썹과 코를 만들어 주고 입도 만들어 주었다. 하얀 곰 같은 눈사람이 우리 가운데 우두커니 서 있다. 식구가 한 명 더 늘었다.

현서는 자기 머플러를 풀어 뚱뚱한 눈사람 목에 둘둘 감아 주었다. 아이들이 재미있다고 깔깔댄다.

오랜만에 눈사람과 함께 사진도 찍고 눈싸움도 하였다. 아이들이 이렇게 눈을 좋아하는 줄 미처 몰랐다. 마을의 통로가 막히고 길이 끊겼는데도 하얀 눈이 우리를 찾아온 것이 반가웠다.

허공에서 스카이 퐁퐁 놀이를 하며
나비처럼 가벼운 잎들이 진다
세차게 달리는 길들이
눈 속에 갇혀 멈춰 서고
바위 곁에서 나부끼는 바람
처절하게 여백을 지운다
먼 산타루치아
경쾌한 물결 위에서 꿈틀거리면
꼬리를 흔들며
쏟아지는 단순한 몸짓은
그윽한 땀방울 머금고 있다

언덕 위에서 내려다보면
춤추는 눈밭에 가려진 세상이

태산목 가지마다
뜨거운 불꽃을 피워올리고
부유하는 새들의 늑골을 태운다

골짜기는 다시 아린 추억으로 태어나고
돌아오지 않는 클라리넷 협주곡
천천히 돌담을 돌면서 사라지고 있다

- 졸시 「강설기 2」 전문

여운이의 대학 졸업

2011년 3월 5일

다운증후군 장애를 겪고 있는 여운이가 대학을 졸업했다. 엊그제 동아인재대학(사회복지학과)에 입학한 것 같은데, 벌써 2년이 지나고 사회복지사 2급 자격증을 받게 되었다. 이제 여운은 사회복지사가 되었다. 자신보다 더 어려운 장애인들을 위하여 도움을 주겠다고 한다. 그래서 말썽도 안 피우고 다이어트도 하면서 날마다 착해지겠다고 다짐한다.

어려운 가운데서 학교에 끝까지 잘 다녀 졸업하는 여운이가 참으로 자랑스럽다. 여운이가 졸업하기까지는 김용원 목사님의 노고가 컸다. 목사님이 전남에 있는 동아인재대학에 강의하러 가면서 모든 일거수일투족을 챙겨주며 데리고 다녔다. 그 중에서도 여성이어서 신변처리가 제일 힘들었다고 한다.

여운은 아침에도 잠이 많아서 깨워도 잘 일어나지 못할 때가 많았다. 싸우다시피 이부자리에서 나오게 하여 밥 먹이고 옷 입혀 필요한 책을 가방에 챙겨 넣어 동래에 있는 스쿨버스를 타려면 일찍 집을 나서야 했다.

그나마 시간이 넉넉할 때는 해운대역에서 전철을 타고 수영에서 내려 다시 3호선을 타고 연산동역에 내렸다. 연산동에서 다시 1호선으로 환승하여 동래역에 내려서는 조금 걸어가야 했다. 그런데 스쿨버스 출발시간이 불안하여 전철을 타는 것보다 집에서부터 동래까지 택시를 탈 때가 더 많았다. 혼자 보낼 수 없어서 입학할 때부터 졸업할 때까지 데리고 다녔다.

학교 가면서 소변을 못 참아 고속도로에서 버스를 세운 적도 더러 있었다. 그런 가운데서도 장거리 통학도 잘 견뎌 내었다. 비장애인들과 함께 당당하게 졸업을 한 여운에게 힘주어 말했다.

"여운아, 졸업을 축하해! 하나님이 원하시는 훌륭한 복지사가 되어라!"

여운이의 빛나는 졸업장이 베데스다의집 게시판에 자랑스럽게 붙어 있다.

포근한 주일

2011년 3월 13일

햇살이 따사롭다. 며칠 동안 칭얼대던 바람이 돌담 아래서 잠을 잔다. 매달 둘째 주일마다 밀양 해돋는교회를 찾아오는 대연교회 학생 봉사자들이 봉고차에서 내린다. 아이들은 눈빛부터 반가움에 넘친다. 현선이는 얼른 뛰어가서 학생들의 손을 잡고 마구 흔든다.

지금까지 운전을 해주신 조우진 집사님은 봉사하러 오는 학생들을 잘 지도해 주신다. 장애인들에 대한 사랑 또한 남다르다. 캠프 때는 아예 본업인 학원 문까지 닫는다.

부산에서 온 대연교회 학생들은 아이들과 곧잘 어울린다. 초등학교를 다닐 때부터 언니 오빠를 따라 캠프마다 놀러왔기 때문이다. 그런 아이들이 벌써 중학교를 마치고 고등학생이 되었다. 장애인들을 처음 대하는 사람들 중 더러는 편견을 갖거나 꺼려하는 경향이 있는데 이들은 아주 편하고 자연스럽다.

주방 봉사를 위해 함께 온 집사님 또한 정성이 지극하다. 올 때마다 우리 아이들이 좋아하는 소고기나 돼지고기를 가져와서 맛있는 요리로 점심을 준비한다. 고기 볶는 냄새가 해돋는교회 뜨락에 가득하다. 코를 찌르는 맛있는 냄새가 은산마을 전체까지 퍼져나가면 남새밭을 날던 파리가 달려오고 강아지 몽이도 코를 실룩거린다.

봉사자 학생들과 함께 예배를 드리면 교회당 안이 꽉 찬다. 찬송가 곡조가 제대로 들린다. 김 목사님은 힘이 나서 목소리가 더욱 쩌렁쩌렁한다.

장애인에게는 비장애인이 필요하다. 장애인들은 혼자 있을 때보다 비장애인이 곁에서 보살펴 주면 더욱 든든해 보인다. 장애인 곁에 봉사자 학생들이 있으면 쓸쓸해 보이지 않는다. 함께 한다는 것보다 신나는 일은 없다. 아무리 어려운 일도 극복해 나갈 수 있다. 어둔 길을 걸을 때 누군가 손을 붙잡아 준다면 전혀 무서울 게 없다.

사람을 좋아하는 아이들의 얼굴에는 웃음꽃이 다투어 피어난다. 수범이는 자신의 옆자리에 파트너가 있다는 것에 대한 자부

심으로 어깨가 으쓱하다.

성전 앞에는 이제 막 솟아 오른 목련의 꽃봉오리가 털이 보송보송하다. 추운 겨울을 이기고 돌아온 개선장군처럼 하늘을 향하여 두 팔을 높이 흔든다. 해돋는집 뜨락에 서 있는 매화나무, 살구나무, 대추나무, 배나무, 모과나무, 치자나무, 단풍나무, 오디나무와 은행나무의 가지마다 물기가 치솟아 오른다.

벚나무에서 팝콘 터지는 소리가 연거푸 들려온다. 땅바닥에 납작 엎드린 씀바귀와 냉이 그리고 갓 태어난 쑥들이 거푸집을 헤치고 나와서 봄 인사를 한다. 작년에 떠났던 봄이 은산마을에 다시 찾아 온 것이다.

건너편 미나리 밭에서 휘파람 소리가 들려온다.

예배를 마치고 장애인 친구들에게 양념고기 덮밥을 떠먹여 주고 설거지를 하는 학생들이 참으로 대견하고 고맙다. 낼 모레 일제고사를 앞두고도 먼 길까지 달려와 장애인들을 거두고 있다. 가슴이 푸른 꿈나무들이 있어 우리나라의 앞날은 밝아 보인다.

준수가 앓은 날

2011년 7월 7일

준수가 아프다고 한다. 토하고 설사를 한다. 잠시라도 가만히 있지 못하는 아이가 방바닥에 납작 엎드려 있다. 아프다고 말을 할 줄 모르는 준수가 너무 측은하다. 아마도 낮에 먹은 닭고기가 체한 것 같다. 준수는 평소 간질이 잦기 때문에 걱정이 된다. 기본 상비약은 늘 준비해 두는데 오늘따라 소화제가 보이지 않다. 우선 급한 대로 매실즙을 먹이고 응급처치로 엄지손가락을 실로 꽁꽁 묶어 바늘로 찔러 피를 내었다. 준서는 아프지만 어찌나 힘이 센지 날 떠미는 바람에 간신히 붙들고 손가락마다 피를 내루었다.

어렸을 때 할머니는 내가 체할 때마다 실로 손가락을 칭칭 감아서 바늘로 따 주셨다. 많이 체할수록 검은 피가 나왔다. 그런

후 등을 토닥토닥 때려 주시면 놀랍게도 체한 것이 내려가곤 했다. 아이들이 체하면 나도 할머니께서 하셨던 민간요법을 사용한다. 언젠가 한의원에 갔을 때 의사 선생님께 여쭤봤다. "체했다고 생각될 때 바늘로 손가락을 따 줘도 되나요?" 의사 선생님은 나쁘진 않다고 했다. 다만 바늘은 소독을 꼭 해야 된다고 하면서 심하면 병원에 가는 것이 안전하다고 했다.

그런데 집에 오늘따라 소화제가 없었다. 지금은 약국마다 문을 닫았을 시간이다. 혹시나 하고 약국을 찾아 다녔다. 그런데 바닷가 가까운 '행복약국'에는 불이 켜져 있었다. 셔터가 반 쯤 내려진 걸 보니 이제 문을 닫으려고 하는 것 같았다. 너무 반가웠다. 소화제와 부채표 가스명수 한 박스를 샀다. 늦은 시간까지 문을 닫지 않은 약국이 너무 고마웠다.

훼스탈 두 알과 활명수를 들이키고 준수는 코를 골면서 잘 자고 있다. 하루에도 무슨 일이 언제 어느 때 일어날지 모른다. 어려운 순간마다 도우시는 하나님의 손길이 감사하다.

불현듯 스펄젼 목사님의 감사에 대한 글이 떠오른다.

촛불을 보고 감사하는 자에게 하나님은 전깃불을 주시고

전깃불을 보고 감사하는 자에게 달빛을 주시고

달빛을 보고 감사하는 자에게 햇빛을 주시고
햇빛을 보고 감사하는 자에게 하나님은 영원토록 사라지지 않는
천국의 영광을 비춰주신다는.
이처럼 감사는 감사를 낳는다.

양산 예은의집

2011년 9월 2일

문을 열자 양산 덕계의 예은의집 아이들이 우르르 달려 나온다. 차렷 자세로 넙죽 배꼽인사를 한다. 말은 못하지만 반갑다는 뜻이다. 몸집과 키가 얼마나 큰 지 이제 천정에 닿을 것 같다.

남자 아이들은 모두 말을 하지 못한다. 그렇지만 알아듣는 것은 가능하다. 예전에 사고뭉치였던 아이들이 이제는 돕는 손길로 변해가고 있다. 거의 신변처리가 어렵지만 자신의 몸을 씻는 훈련을 하고 있다.

예은의집에 새로 부임한 복지사는 두 사람이다. 낮과 밤을 교대로 두 복지사가 관리하는 시스템을 취한다. 두 복지사의 특별한 관심과 교육으로 인해 예은의집 식구들의 몸과 마음에 많은 변화가 왔다. 지난날에는 장애인들만의 특유한 냄새와 행동장애로 많은 어려움이 있었는데, 꾸준한 교육의 결과 지금은 청년의 기품을 띤다. 몸에 배인 지린내 대신 옷 세탁 때 뿌려진 샤프란 향기가 주변을 신선하게 한다.

항상 분신처럼 소쿠리 안에 너덜거리는 끈이며 바둑알, 병따개, 온갖 잡동사니를 넣어 다니는 영훈, 아파트 내 분리수거장에 가서 못 쓰는 휴대폰을 주워와 전자제품 가게를 차린 듯 벌여 놓은 수범이, 밥을 먹은 후 3분 내에 양치질을 하는 깔끔이 종진, 얼굴에 여드름 꽃이 한창인 쌍둥이 형제 지민, 나민, 살인미소 명희와 눈이 움푹 들어간 석원이 모두 어엿한 청년들이 되었다. 이제는 청소도 도와주고 무거운 쌀자루도 거뜬히 들어다 준다.

'인간행동의 변화' 즉 교육은 반복되는 훈련에 의해서 개선된다는 것을 실감한다. 아이들에게 교육을 하다 보면 얼마만큼 변화했는지의 여부를 가늠할 수 없다. 그러나 흐르는 물이 썩지 않는 것처럼 인내심으로 지속적인 교육을 하면 언젠가는 잎이 나고 꽃이 피게 마련이다.

이제 20년여 년이 지난 예은의집 아이들에게 뿌린 씨앗이 비로소 싹을 보이기 시작한다.

아롱이의 기억

2011년 10월 2일

밀양 해돋는센터에는 강아지 세 마리가 있다. 아롱이와 세리 그리고 짱이다. 강아지를 키우게 된 것은 뜻밖의 일이었다.

3년 전에 누렁이 한 마리가 밀양 해돋는복지센터에 왔다. 빗자루로 쫓아내어도 가지 않았다. 어릴 때 개에게 물린 기억이 있는 김용원 목사님은 개를 별로 좋아하지 않았다. 그리고 우리 집 강아지가 아니기 때문에 돌려보내려고 애를 썼다. 그런데 전혀 가려고 하지 않았다.

이튿날 아침 눈을 떠보니 누렁이는 가지 않고 있었다. 목사님은 개를 차에 태우고 하남읍 농협 앞에 내려두고 왔다. 하남읍은 시장이 있어 하남 주변에 사는 사람들이 많이 모인다. 개를 잃은 사람이나 개를 아는 사람이 찾아주면 좋겠다고 생각한 모양이다.

그런데 다음날 아침, 놀랍게도 은행 앞에 내려두고 온 누렁이가 해돋는복지센터에 다시 와 있었다. 너무 놀랍고 기이했다. 그날로부터 개 이름을 아롱이라고 지어 주고 함께 살게 되었다.

아롱이는 몸집이 크지 않았다. 걸을 때면 황금빛 털이 물결을 쳤다. 말을 잘 알아채고 영리했다. 벌써 새끼를 두 마리나 낳았다. 지금은 몸집이 비슷해서 누가 어민지 새낀지 알 수가 없다.

무엇보다 아이들은 아롱이를 무척 좋아한다. 특히 남이와 은희는 아롱이를 서로 안아주고 쓰다듬어 준다. 때로는 서로 보듬어 주려고 티격태격 싸우기도 한다. 석이는 뛰어가다가 개 밥그릇을 차 버리곤 한다. 그러나 간식을 주면 아롱이와 세리 그리고 짱이에게 모두 나눠 주기도 한다.

아롱이와 세리, 짱이는 어느덧 아이들의 친구가 되었다. 종진이가 뛰어가면 따라가고 걸어가면 곁에서 조용히 따라간다. 따사로운 풀밭에서 아이들과 함께 더러 누워 있다. 강아지를 좋아하는 은희도 풀밭에서 짱이를 안은 채 햇살을 덮고 자기도 한다.

나민이는 개밥을 과자인 줄 알고 자꾸 먹으려고 한다. 나민이가 밖에 나오면 아롱이와 세리 그리고 짱이의 밥그릇은 항상 비어 있게 된다.

아롱이와 세리 그리고 짱이는 매주 금요일 오후가 되면 집 앞에서 내내 서성거린다. 해운대에 살고 있는 베데스다의집 식구들과 양산 덕계에 살고 있는 예은의집 식구들이 해돋는복지센터에 오는 날인 줄 아는 것 같다. 저만치 봉고가 들어오면 그때부터 온 몸으로 꼬리를 치며 좋아한다. 인간이면 누가 이처럼 반기고 좋아할까 싶다. 아이들도 차에서 내리자마자 반가워서 아롱이와 세리, 짱이를 안고 야단들이다. 그런데 3박 4일이 지나고 다시 각각 그룹홈으로 돌아갈 때는 서운한지 쳐다보지도 않는다. 다만 멀찍이 바라볼 뿐 꼬리도 흔들지 않는다.

그런데 세리와 짱이를 두고 그들의 어미인 아롱이가 죽었다. 아마도 집 앞을 걸어 다니다 제초제를 먹은 것 같다. 정이 든 것이 하루 이틀이 아니다. 말을 할 줄 아는 여운이와 은희는 울음을 그치지 않았다. 긴 울음을 달래느라 혼이 났다.

목사님은 개 목걸이를 사 와서 묶었다. 이제 세리와 짱이는 꼼짝없이 묶여 있다. 구속도 관심이다. 구속은 아름다운 관심이다.

지하철 타기 체험

2011년 10월 10일

오늘 교육 프로그램은 사회적응훈련으로 지하철을 타는 일이다. 복남, 민아, 나리, 예란은 다른 날보다 일찍 일어났다. 샤워를 한 후 예쁜 옷으로 갈아입고 아침부터 마음이 들떠 있었다. 상쾌한 기분으로 집을 나서서 석천 목욕탕을 건너 우1동 파출소를 지나서 해운대역 지하철에 도착했다.

아이들은 복지카드로 무료 전철표를 뽑았다. 각각 명찰 같은 표를 손에 쥐게 하고 한 사람씩 출구에 넣고 입장하는 훈련을 했다. 처음엔 서툴렀지만 모두들 신기한 듯 아주 흥미로워하였다. 전철을 타기 위해서 승강장에 한 줄로 서서 전동차를 기다렸다. 잠시 후 전철이 도착하자 정신없이 전철 속으로 들어갔다. 아이들이 타자마자 앉아 있던 사람들이 일제히 아이들을 정신없이 쳐다봤다. 얼핏 보기에는 아이들이 비장애인들과 다를 게 없는 것 같았으나, 금세 장애인인 줄 알아 차렸다. 얼굴에 장애인이라고 적혀 있을까.

그리고 사람들은 앉았던 자리에서 일어나 자리를 양보해 주었다. 너무나 친절한 배려에 고맙고 감사한 반면에 어쩐지 장애인의 차별대우를 받는다는 게 조금은 서운해지기도 했다. 평소 전철을 타고 다니다 보면 허약한 분이나 어르신들이 서 있어도 잘 건네주지 않던 귀한 자리를 오늘 과분하게 받으면서도 조금은 의아했다. 전철 속의 사람들은 내릴 때까지 아이들을 마치 동물원의 구경꾼처럼 바라보았다.

아이들은 관심 받고 있다는 게 좋은지 그저 싱글벙글했다. 오늘 체험학습에 동반한 아이들은 잘 걸을 수 있었다. 그냥 정상적인 사람들처럼 보일 것 같았는데, 장애인들은 표시가 나는 모양이었다.

장애인들도 일반 사람들처럼 그냥 차별 없이 있는 모습 그대로 한 사람의 인격체로 봐 주면 좋지 않을까 싶었다. 그것을 사랑이라고 단언하기에는 뜨거운 감동이 쉽게 전해오지 않았다.

때로 과분한 친절도 부담이 될 때가 있다. 장애인들도 빽빽한 전철에서 서 있어 보기도 하고 힘들어 봐야 한다. 비장애인들이 공부한다고 머리를 싸매고 고민하는 것도 느껴봐야 하고 걸으면서 다리도 아파 보아야 한다고 여겨진다. 남을 배려하고 사랑하는 것도 피부로 느끼고 실천할 수 있는 것이 우리 아이들에 대한 교육이라고 나름 생각한다.

가을 삽화

2011년 10월 22일

가을이 점점 깊어간다. 뜨락에 매달린 감들이 홍조를 띠고 누렇게 익은 벼들은 고개를 숙인다. 푸른 은행잎들은 어제 내린 비에 목욕을 하고 노란 옷으로 갈아입는다. 차들이 달리는 길가에서서 억새들은 하얀 손을 흔들어 준다. 구름 한 점 없는 코발트빛 하늘에 손수건을 던지면 파란 물이 들 것 같다.

점심을 먹고 해가 잠시 낮잠을 자는 동안 아이들과 동네 한 바퀴를 순회한다.

"모두 나와라"는 말이 떨어지기 무섭게 방에서 우르르 몰려오는 아이들, 서로 밀치고 떠밀다가 넘어진다. 항시 신발을 바꿔신는 나리의 신발을 바르게 신겨 주고, 운동화 끈이 풀어져 나풀대는 민아 신발 끈도 다시 묶어 준다. 손을 꼭 잡아줘도 몇 걸음 못 가서 엎어지는 윤희를 일으켜 주는 사이에 걸음이 빠른 영훈과 종철은 저만치 앞서 가고 있다. 혹여 다칠세라 함께 가자고 이름을 불러도 뒤돌아보지 않고 더 빨리 달려가고 있다.

아이들과 함께 거리를 나서면 집에 있을 때보다 더 많이 신경을 써야한다. 쌍둥이 형제 지원과 나원은 1미터 70이 넘는 키인데 폴짝폴짝 뛴다. 더러는 가재처럼 삐딱하게 걷는 아이들도 있다. 왁자지껄 소리치고, 웃고, 울고, 싸운다. 곁에서 복지사가 주의를 주어도 떠들썩하다.

은산마을을 지나 논길을 간다. 개울을 건너면서 개울 물속을 들여다보니 고둥이 옹알이를 하고 있다. 둑길 걸어가면 봇물이 넘쳐흐르고 봇물 속에 잉어들이 헤엄치는 것을 본다. 하늘에는 흰 갈매기가 춤을 추며 지나가고 있다. 들국화와 코스모스가 만발한 꽃길을 걷는 아이들은 영화 속의 주인공 같다. 그림자는 꼬리표처럼 따라 다니며 사진을 찍어준다. 노란 들국화 한아름 꺾어 안은 은희는 땀으로 몸이 흠뻑 젖어 있고, 상기된 아이들의 이마에 작은 구슬이 송송 맺혀 있다.

푸른 하늘은 조용히 어여쁜 아이들을 내려다보고 있다.

장롱 속의 방

2012년 1월 13일

나원이가 보이지 않았다. 아무리 찾아봐도 없었다. 평소 잘 가는 부엌에서부터 화장실 등 온 집안을 다 뒤져 보아도 없었다. 모두들 하던 일손을 멈추고 나원이 찾기에 바빴다.

며칠 전에는 냉장고 위에 올라가서 내려다보고 깔깔거렸다. 얼마나 유별나고 산만한지 잠시도 가만있지 못한다. 로빈슨 크루소처럼 모험을 좋아하는 건지 위험도 모르고 무서움도 전혀 없다. 방 안에서도 어떻게 잘 뛰는지 천장을 뚫고 나갈 지경이다. 밀양 해돋는집에서 사는 것이 참으로 다행이다. 만약 아파트에서 살고 있다면 주민들에게 당장 쫓겨났을 것이다.

복지사들이 사무실과 교회 그리고 마을을 다 뒤져보아도 나원이는 보이지 않았다. 다시 집으로 들어와 한 번 더 집안을 샅샅이 뒤졌다. 혹시나 싶어 장롱 문을 열어 보았다.

놀랍게도 나원이는 이불장 속에 있었다. 개켜놓은 이불 속에 들어가서 웅크린 채 자고 있는 것이다. 세상에서 제일 평안한 모습이다. 몇 개의 이불 속에 안겨 얼마나 푹신했을까? 우선 너무 반가워서 나원이를 찾았다고 소리쳤다.

이와 같은 소동은 평소 자주 있는 일이긴 하지만 등에서 식은 땀이 흐른다. 그냥 주저앉고 싶었다.

이불을 걷어차고 나온 나원이는 아무 일 없었다는 듯 생글생글 웃으며 두 손을 내밀고 먹을 것을 달라는 시늉을 한다. 잘생긴 나원이가 건강했더라면 지금은 군 제대를 하고 아주 멋진 청년으로 사회에 진출했을 것이다. 평소 잦은 간질로 많이 놀라게 하는 나원이가 제발 건강하기를 기도하고 있다.

언제나 그렇듯이 천개의 눈이 아쉽다. 장애인들을 돌본다고 하면서 좀 더 세밀하게 살펴보지 못한 마음이 무겁다.

바람 부는 날

2012년 1월 18일

바람이 세차게 분다. 창문이 부서질 듯이 소리를 내고 지붕이 날아갈 것처럼 요란하다. 저녁 9시 티브이 뉴스에서 한파가 몰려온다고 했다.

작년 겨울처럼 수돗물이 꽁꽁 얼면 어떡할까? 헝겊으로 수도 배관을 칭칭 감았어도 꼭지가 파열되었다. 밥을 짓고 아이들을 씻기기 위하여 동네 밖으로 물 길러 다녔던 때를 생각하면 아찔하다. 얼음에 미끄러져서 엉덩방아를 찧었던 기억이 순간 떠올랐다.

잠자는 아이들을 챙겨보았다. 몸부림을 친 아이의 이불을 바르게 덮어 주고 코를 골며 자는 모습들을 가만히 지켜보았다. 모두들 참 평온한 모습이었다. 세상 밖은 저렇게 소란하데, 여기엔

고요한 평화가 깊숙이 내려와 있다. 바람이 큰소리로 창문을 두드려도 아이들은 아무 걱정 없이 꿈나라로 가고 있다.

낮에 율동을 하며 함께 불렀던 노래가 생각났다.

바람 불어도 괜찮아요 괜찮아요
파도 일어도 괜찮아요 괜찮아요
바람을 만드신 하나님
파도를 만드신 하나님
주님 내 안에 계시니까
난 난 난 난 괜찮아요.

고속도로의 플라타너스가 머리카락을 풀어 헤친다
아스팔트가 흙빛으로 변하고
아크릴 간판의 어깨가 들썩거린다
이속 이천사백 밀리바로 날아든 파도가
방파제를 뛰어 넘어 목조계단에서 뒹군다

정박한 배들의 시린 발목이 저당 잡히고
안으로 삭히던 전신주 울음이 새어 나온다
떡갈나무 잎새의 호흡이 무너진 뜨락에서

누군가 나를 세차게 흔든다

…………………………

…………………………

처마가 세차게 너울대는 지붕 아래
가족들은 저마다 깊은 침실 속에서 몸을 웅크린다
창을 때리고 지나가는 낙엽 하나
하릴없이 뜨락에 머리를 부딛고
먼 나라에서 날아올 새들의 긴 목을 기다린다

- 졸시 「바람 부는 날」 일부

우리의 설날

2012년 1월 23일

설날이다. 우리 고유의 명절이다. 아침상을 푸짐하게 차렸다. 집이 없고 부모님이 계시지 않은 아이들을 위하여 지난 밤 정성껏 준비한 음식이다. 여러 가지 나물과 생선찜, 새우구이, 생선전과 부추전 그리고 식구들이 좋아하는 고기볶음, 오징어튀김, 고기꼬지, 쥐포 튀김 등 상다리가 휘어질 것 같다. 많은 음식을 보고 모두들 너무 행복해 한다.

설날이 가까워 오자 부산 해운대에 살고 있는 베데스다의집 식구들과 양산 덕계에 살고 있는 예은의집 아이들은 가슴이 설레기 시작하였다. 가족이 있는 아이들은 누군가 데리러 오면 그룹홈 식구들은 하나 둘 명절을 보내기 위하여 본가로 가게 된다.

갈 곳 없는 여섯 명의 아이들은 집으로 가는 친구들을 부러운 듯 물끄러미 바라보며 우울한 표정을 짓는다. 남아 있는 아이들은 밀양 해돋는집으로 가서 그곳 식구들과 어울려 명절을 보내게 된다.

큰언니 남이는 아무도 오지 않는 창밖만 바라보고, 나리의 큰 눈에는 눈물이 가득 고여 있다. 아무 것도 모를 것 같지만 아이들도 제 나름의 느낌은 있다.

문득 백결 선생의 떡방아 타령의 일화가 떠올랐다. 설날이 며칠 앞으로 다가 왔을 때 이웃집에서는 새해를 준비하느라 떡방아 찧는 소리가 요란하게 들려왔다. 백결 선생의 부인은 가난하여 아무것도 준비할 것이 없었다. 남들은 설 준비를 하느라 떡을 찧는데 쌀이 없어 떡을 찧을 수 없는 부인을 위하여 백결 선생은 거문고를 가지고 떡방아 소리를 내었다. 그 소리는 진짜 떡방아 소리 같았다.

"쿵쿵 쿵더쿵, 쿵덕 쿵덕쿵……"

백결 선생의 거문고에서 떡방아 찧는 소리가 나자 부인은 떡방아 찧는 소리에 덩실덩실 춤까지 추었다. 백결 선생이 거문고로 방아소리를 내어 아내를 위로한 이 곡이 오늘날 '대악'으로 방아타령의 바탕이 되었다고 한다.

백결 선생이 아내를 위로하기 위해 거문고로 방아 찧는 소리를 내었듯이 나는 우리 아이들을 즐겁게 해 주기 위하여 피아노 뚜껑을 열고 신나는 노래부터 메들리로 연주하기 시작했다.

그 중 내가 어렸을 때 불렀던 설날 동요를 한 소절씩 가르쳐 주고 따라 부르게 후 함께 불렀다. 노래를 좋아하는 범이와 쌍둥이 민이 형제 그리고 남이와 나리가 흥얼거하였다. 노래를 부르면서 침울하던 아이들의 얼굴은 어느새 해처럼 환하게 밝아졌다.

까치 까치 설날은 어저께고요
우리 우리 설날은 오늘이래요
곱고 고운 댕기는 내가 들리고
새로 사온 신발도 내가 신어요

우리 언니 저고리 노랑 저고리
우리 동생 저고리 색동 저고리
아버지와 어머니 호사하시고
우리들의 절 받기 좋아하셔요

한참 부르다 보니 나 혼자만 의욕에 넘쳐 신명나게 노래를 부르고 있었다. 남자 아이들은 말을 못 한다는 것을 잠시 잊고 있었다.

이번 설날은 맛있는 음식을 먹고 노래를 부르면서 허기진 가슴을 채웠다.

누군가를 위하여 함께 하는 시간은 즐겁다. 피곤할지라도 사랑을 쏟으며 보내는 시간은 헛되지 않다. 사랑은 주는 것이다. 아무 대가를 바라지 않고 그저 주는 것이다.

호윤을 보내며

2012년 2월3일

오늘 호윤이를 인덕원으로 보냈다. 여성들로 구성된 베데스다의집에서는 더 이상 지낼 수 없기 때문이다. 보기에는 예닐곱 살 같이 보이지만 올해 열다섯 살이다. 얼굴이 귀엽고 제일 막둥이라서 베데스다의집 식구들의 사랑을 온 몸에 받으며 2년을 넘게 지냈다. 호윤이를 예쁘게 꾸며 주고 싶어서 지난달에는 머리 염색을 하여 파마를 해 주고 나비 핀을 꽂아 주기도 했었다.

그동안 정이 많이 들어서 섭섭하기 이를 데 없지만, 성장한 남자라 여자들이 살고 있는 곳에서 더이상 함께 살아갈 수 없었다. 이제 호윤에게 해 줄 일은 남자들로 구성된 인덕원에 가서 학교도 가고 더 훌륭하게 살아가기를 뒤에서 기도할 뿐이었다.

입소 의뢰서에 의하면 '호윤의 아버지(61.9.10일생)는 택시기사이며 어머니는 장애판정은 받지 않았으나 경계선 지능이 의심되며 일상생활이 부족함. 부모가 아동을 학교도 보내지 않고 방치하고 있다고 2007년에 신고 되어 관찰하고 있는 아동이며 아버지는 아동을 칼로 위협하며 얼굴과 등에 상처를 입히는 등 학대를 하여 2009년 5월 다시 신고 됨. 아버지는 지능이 낮은 어머니와 장애인인 아동에 대해 스트레스를 심하게 받고 있으므로 아동이 계속 집에 있다면 지속적인 아버지에게 폭력을 당하게 되므로 더 이상 아동을 양육하기 어려운 상황으로 아동의 건강한 성장을 위해 아동양육시설 입소 보호가 필요한 것으로 사료됨.' 이라고 기재되어 있었다.

당시 이를 측은히 여긴 어떤 개인이 집에 데리고 갔으나 도저히 힘이 들어서 다시 해운대구청에 의뢰했다고 한다. 이러한 아동을 담당하고 있던 해운대구청 담당공무원이 적임자가 나타날 동안 호윤이를 잠시 돌봐 달라고 한 것이 어느새 2년을 훨씬 넘게 되었다.

2009년 6월 16일 해운대구청의 입소 의뢰로 베데스다의집에 온 호윤이는 13살인데도 처음에 왔을 때는 아기처럼 너무 작고 야위고 걷지도 못했다. 숟가락도 채 잡지 못하고 손으로 마구 음식을 집어 먹었다. 신변처리 및 교육은 전혀 되어 있지 않고 고

개만 절레절레 흔들 뿐 걸음걸이를 하지 못하고 기어 다녔다.

하루 세끼의 식사와 간식을 곁들여 먹은 호윤이는 거짓말처럼 눈에 띄게 매일 쑥쑥 자랐다. 그리고 지속적인 교육과 생활훈련을 통하여 지금은 예전과는 비교할 수 없을 만큼 상태도 많이 좋아졌다. 마른가지처럼 앙상하게 바짝 마르고 핏기 없던 얼굴이 환해지고 포동포동 살도 찌고 잘 걸으며 숟가락질도 곧잘 한다. 삼년이 채 지나지 않았지만 이처럼 교육의 힘이란 참으로 위대하다는 것을 또 다시 깨닫게 되었다.

편식이 심한 호윤이는 음식 중에 좋아하는 것은 멸치, 김, 감자볶음, 고기, 특히 김치이며, 밋밋하고 싱거운 콩나물과 미역국은 잘 먹지 않았다. 식사 때 남의 음식을 손으로 집어먹는 버릇은 아직도 종종 나타나지만, 자신이 먹을 밥을 받아 들고 제자리에 가서 먹는 걸 보면 참으로 대견스럽기도 했다.

가끔 간질을 하기 때문에 계속 간질 약을 먹여 왔는데, 혹 잃어버릴 것 같아서 간질 약은 덕천동 00크리닉에서 처방 받았다는 것도 적어서 옷과 쓰다 남은 기저귀 세 봉지와 함께 박스에 넣어 주었다.

호윤은 책을 무척 좋아했다. 반면 책이며 종이가 손에 잡히는 대로 찢어 버렸다. 냉장고 속의 물건도 마구 꺼내어 흘리며 먹던 호윤이는 신변처리가 제대로 안 되어 하루에 몇 번씩이나 응가를 했지만, 웃으면 볼우물이 움푹 들어가고 잘 생겼다.

막상 보내려고 하니 평소 좀더 잘해 주지 못한 것들이 마음에 가시처럼 걸렸다.

떠나기 전에 한 번 더 꼬옥 안아주면서 "호윤아, 잘 가~~! 그곳에 가서도 아프지 말고 선생님 말씀 잘 듣고 훌륭하게 잘 자라거라"고 말해 주었다.

복남이는 말없이 그냥 바라보고 여운이의 눈에는 어느새 이슬이 맺혀 있었다.

책을 좋아하던 호윤이가 정상적인 집안에서 태어났더라면, 그리고 장애인으로 태어나지 않았더라면 아마도 밥을 먹으면서 책을 읽다 국을 엎은 적이 있다던 곤충학자 파브르 같은 학자를 꿈꾸지 않았을까.

제3장

베데스다의집의 기록

정월 대보름

2012년 2월 15일

휘영청 달이 밝다. 아이들과 달구경을 했다. 탐스럽게 둥근 달을 보며 밀양 해돋는집 식구들이 입을 크게 벌리고 좋아했다. 달은 하나님께서 어둔 곳을 비추며 밝게 살라고 만들어 주셨다고 말해 주었다.

윤석중 선생님이 작사한 노랫말에 권길상 선생님이 곡을 붙여 주신 <달> 노래를 아이들과 함께 불렀다.

달 달 무슨 달 쟁반같이 둥근 달
어디어디 떴나 남산 위에 떴지

달 달 무슨 달 낮과 같이 밝은 달
어디어디 비추나 우리 동네 비추지

달 달 무슨 달 거울 같은 보름달
무엇무엇 비추나 우리 얼굴 비추지

아이들은 정월 대보름을 모른다. 아마도 요즘 젊은 세대들도 오늘이 고유의 명절인 것을 잘 모를 것 같다. 우리 민족의 아름다운 전통이 젊은 세대들에게 잊혀 가는 것이 안타깝다. 정월 대보름에 대한 기록은 『한양세시기』와 『동국세시기』 등에서 찾아볼 수 있다.

정월 대보름은 옛날 우리나라의 신라시대부터 지켜온 명절로 달이 가득 찬 날(上元)이라 하여 재앙과 액을 막는 제일(祭日)이었다. 1년 중 가장 크고 밝은 달이 뜨는 날로 한 해의 풍요와 평안을 기원하는 날로서 예전 농경사회에서는 설보다 더 큰 명절로 여겼다. 농사의 시작을 알리며 달맞이, 달집태우기, 쥐불놀이와 더위팔기, 지신밟기 민속놀이도 곁들이면서 한 해의 무사태평을 기원했던 전통이었다.

정월 대보름 오곡밥은 다섯 가지 이상의 곡식을 섞어 지은 밥으로 약식이 보다 보편적인 형태로 변한 것이라 볼 수 있다.

오곡밥의 기원은 삼국유사에 남아서 전한다. 신라 21대 소지왕이 정월 대보름에 경주 남산 천천정이란 정자로 행차하던 중 까마귀들의 도움을 받아 역모를 꾀한 왕비와 신하를 붙잡아 왕이 죽음을 면했다. 그때부터 까마귀에 감사하는 마음을 보답하는 뜻으로 음력 1월 15일에 오곡밥을 지어 제사를 지낸 것에서 유래되었다고 한다. 오곡밥을 먹음으로써 나쁜 기운을 쫓고 한 해의 건강과 행복을 기원하며 영양을 보충해 준다는 의미도 있다.

추운 겨울에 야채를 먹기 힘들기 때문에 말린 나물을 볶아서 먹으면 겨울철 부족하기 쉬운 비타민을 섭취할 수 있다는, 건강까지 생각한 우리 선조들의 뛰어난 지혜를 미루어 알 수 있다.

정월 대보름에 오곡밥과 나물을 먹고 부럼이라는 견과류를 먹었다. 옛날에는 부스럼이 많이 나서 아침에 일어나면 '부스럼 깨자'하며 딱딱한 견과류를 깨면서 먹었다. 밤, 호두, 땅콩, 잣 등을 말하는 부럼을 '탁' 깨물어 먹으면 1년 동안 무사태평하다고 한 우리 민족들의 미담을 아이들에게 들려주면서 마른 땅콩을 함께 깨물어 먹었다.

보름날 아침 식전에 가족과 먹는 귀 밝기 술과 오곡밥을 먹으면 건강해지고 살이 찌지 않는다는 것과 옛 사람들은 흰 옷을 좋아하고 우리가 찬양과 율동을 좋아하듯 풍류를 즐겼다는 것도 말해 주었다.

여운은 살이 찌지 않는다는 것을 귀담아 들었는지 이제부터 잡곡밥만 먹겠다고 떠들어 댄다.

정월 대보름이란 전통을 상기시켜 주기 위하여 찹쌀, 좁쌀, 흑미, 수수와 콩을 넣은 오곡밥을 지어 함께 먹었다. 잡곡밥을 싫어하는 주현이는 밥 속에 촘촘히 박힌 콩을 손으로 모조리 골라낸다. 평소 잘 먹지 않던 말린 고구마줄기와 취나물은 뱉어낸다. 부드러운 음식에 익숙한 아이들의 식사 표정이 다른 날과는 달라 보인다.

퍼즐 놀이

2012년 3월 18일

아이들의 두뇌 개발을 위하여 그림 퍼즐을 사왔다. 먼저 그림을 보고 귀로 이름을 들으면서 그림의 형태에 맞는 틀에 맞추어 넣는 것이다. 지능이란 무슨 일이 일어났는지 알아차리고 대상을 이해하며, 어떻게 행동해야 할지 알아내는 능력이다. 난이도가 낮긴 하지만 유아용 퍼즐 놀이는 실제 지능지수가 3세 정도쯤 되는 장애인들의 이해 돕기를 위해서 좋은 교육 프로그램이라고 생각된다.

평소 간식으로 먹는 과일들과 채소가 섞인 그림 스무 조각을 흩어놓고 그림의 이름을 말하면 찾아내는 방법부터 시작한다.

스물다섯 살인 예란은 '바나나' 하고 말이 떨어지자 한참을 생각하다 바나나가 그려진 그림을 찾아낸다. 명희는 사과를 찾아내고 서른 살이 가까운 나리는 반쯤 잘린 수박을 보고 단번에 수박을 알아낸다.

그림을 익힌 후 홈이 패인 곳에 같은 형태의 그림을 끼워 넣는다. 처음에는 함께 하면서 가르쳐 주고 한 명씩 직접 해 보라고 한다. 그런데 생각보다 쉽지 않은가 보다. 예란은 한참 후에야 완성된 그림을 만든다. 사실 머뭇거릴 때마다 가끔씩 도와준 것도 있다.

나는 "아주 잘 했다"고 박수로 칭찬해 주었다. 칭찬이란 이해이다. 누군가를 아무리 칭찬한다 해도 지나침이 없다.

'칭찬은 고래도 춤추게 한다'는 말이 있듯이 칭찬을 강화하면 용기도 주고 자신감도 넘치게 한다. 그리고 생각했던 것보다 훨씬 좋은 효과를 낼 수 있다.

칭찬을 들은 예란이는 좋아서 어쩔 줄 몰라 했다. 웃을 때 사과처럼 예쁜 두 볼이 오늘따라 더욱 빨갛게 달아오른다. 좀 더 완성된 그림에 대한 기억을 남겨주기 위하여 반듯하게 된 그림판을 뒤엎고 다시 한 번 더 해보라고 하자 이번에는 더 빨리 마무리를 한다.

나리는 몇 개 그림 조각을 찾더니 흥미가 없다는 듯 다른 곳을 쳐다본다. 명희는 아예 그림판을 내동댕이친다. 퍼즐보다는 간식으로 준비된 계란빵과 우유가 더 기다려지는 것 같다.

터널을 지나
경계를 뛰어 넘는다
울창하게 들어선 숲들이 입을 봉하고
사닥다리를 내린 하늘과 땅은
담장을 헐고 소통을 꿈꾼다
이탈한 궤도가 틈새를 드나들자
그대 옷자락이 펄럭인다
공유할 수 없는 낯선 거리가
팽팽한 사랑을 조율하고
나는 끊어진 길을 로프로 끌어당긴다
낯선 풍경이 지평을 연다

거리의 횡단이 보폭을 입력한다

빗장을 열고 태어나는 틈의 반라들

정적의 두레박을 내리고

오랜 기억을 길어 올린다

미로가 점프할 때마다

돌아선 고요가 기침을 한다

만삭된 길이 몸을 뒤척인다

풀밭에 쓰러진 달이 울음을 스캔하자

어린 길이 배꼽을 자른다.

- 졸시 「퍼즐놀이」 전문

베데스다의집의 기록

2012년 3월 21일

올해는 눈이 많이 왔다. 눈은 점점 어두워져 가는 세상에 하얀 마음으로 살아가라는 말씀같다. 아직 높은 산에는 잔설이 가득하다.

어느새 봄은 우리 곁에 가까이 다가와 두터운 옷을 하나씩 벗기고 있다. 입춘이 지나고 경칩이 지나자 마른 나뭇가지에 매달린 매화가 환하게 웃는다.

벚꽃도 뒤질세라 빵파레를 터뜨린다. 여기저기서 팝콘 터지는 소리가 요란하다.

겨울을 나는 동안 해운대의 베데스다의집 식구들은 많이 예뻐졌다. 평소 노래만 부르던 민아가 근래에 와서 종일 종달새처럼 지저귄다. 올해는 제발 야뇨증에서 벗어나기를 소망한다. 여운은 살이 빠지면 짧은 청치마를 사 주기로 했다. 요즘은 그렇게 좋아하는 고기를 조금씩 먹고 매일 학교 운동장을 30분 이상 걷는다. 집에서는 훌라우프를 돌리며 몸을 유연하게 만들고 있다. 성경을 읽고 쓰는 것과 그림 그리기, 피아노 연습도 열심히 하고 있다. 날마다 "사랑한다"고 고백하는 한별이도 다이어트를 위하여 매일 운동장 돌기를 열심히 한다. 헉헉거리며 뒤뚱거리는 폼이 귀여운 오리 같다.

지난 해 많이 앓았던 베데스다의집의 큰언니 복남이도 이제 얼굴에 생기가 돌기 시작한다. 지난 여름 수술한 부위를 하나님이 완전하게 치료해 주신 것이다.

밥 먹을 때마다 떼를 쓰고 때로 밥그릇을 던지는 예란이와 머리카락을 뽑는 버릇이 생긴 민아도 행동이 변화되기를 바라고 있다.

그리고 지난주에 개강한 밀양 부경예술대안대학교에서의 새로운 프로그램에 잘 따라 주길 기대한다.

저녁마다 하루를 반성하며 예배를 드리는 베데스다의집 식구들은 매일 누워서만 지내는 현국이의 등에 욕창이 생기지 않기를 기도한다.

이제 베데스다의집 식구들은 컵으로 물 먹기, 양치질하기, 스스로 제 옷과 신발 찾기, 휴지 가져오기, 화장실 혼자가기 등 반복하는 생활교육으로 좋아지고 있다. 분명 어제보다 오늘이 점점 나아지고 있다.

봄날 햇살 같은 따사로운 희망이 내일의 푸른 꿈을 꾸게 한다. 꿈을 꾸는 아이들의 눈빛은 샛별처럼 반짝인다.

장애우의 향연

2012년 4월 7일

목련꽃이 활짝 피었다. 추운 겨울을 이기고 하얗게 피어나는 꽃들은 아이들에게 환한 미소로 희망을 안겨 준다. 흰 나비가 나풀거리듯 춤추는 꽃들을 쳐다보기만 해도 저절로 미소를 띠게 한다.

얼어 죽은 줄 알았던 배나무에도 꽃이 핀다. 올해도 맛있는 배가 많이 열리면 좋겠다.

매주 금요일이면 해운대의 베데스다의집(여자홈), 양산 덕계의 예은의집(남자홈), 밀양 은산의 해돋는집 식구들과 함께 만난다. 각처에 흩어져 있는 그룹홈의 식구들이 만남의 시간이 오면 애교가 많은 다운증후군 한별과 여운은 서로 껴안고 반가워서 어쩔 줄 모른다. 함께 있을 땐 먹는 것이나 잘 그려지는 색연필 하나로 티격태격 말다툼을 하지만 잠시 떨어져 있으면 서로 그리워하고 보고 싶어한다.

아이들이 모두 모이면 해돋는집은 마치 잔치를 벌인 것 같이 떠들썩하다. 3박 4일의 시간들이 캠프를 하는 것처럼 즐겁다. 집을 지키던 강아지들도 덩달아 꼬리를 치며 반가워한다. 아이들은 한 마리씩 서로 다투어 안아보고 쓰다듬어 준다.

새봄을 맞는 해돋는집 뜨락에는 매화와 살구꽃도 호들갑을 뜬다. 며칠 전에 봄비를 맞은 텃밭의 겨울초도 쑥쑥 자라고 쑥과 냉이도 잡초 속에서 얼굴을 쏘옥 내민다. 복남과 여운은 바구니를 들고 쑥을 캐고 개구쟁이 남자 친구들은 논두렁에 들어가 물을 첨벙이며 바짓가랑이가 흠뻑 젖어 나왔다. 잘 생긴 지원이는

논바닥에 들어서서 찰흙으로 화장을 하고 마치 아프리카인처럼 나타난다. 잠시도 가만히 있지 않는 아이들, 천 개의 시선도 모자란다. 하루는 눈 깜짝할 사이에 지나간다. 해맑은 아이들이 있어 내가 있다.

맑은 공기를 마시며 자연과 함께 생활하는 해돋는집 아이들은 아파트에서 생활하는 아이들보다 더 건강하다. 풀밭을 쏘다니며 햇살과 바람, 나무, 꽃들의 많은 자연과 더불어 놀기 때문이다.

어린 햇살이 채마밭을 둘러싸고
예고 없는 난봉꾼을 온몸으로 껴안는다

막 눈뜬 텃밭의 시금치 상추 아욱
고운 손길 다가와 온기 풀어내면

잘게 부서지는 흙더미에서
푸른 소식 스며나온다
아린 푸성귀 발목에서
은은한 종소리 새어 나온다

강물은 쓰러진 길을 일으켜 세우고
날카로운 손길 뿌리치며
풀잎은 이슬 한 방울에서 시린 눈을 뜬다

채 피지 못한 꽃 이파리
하나 둘 스러지면
푸른 둥치의 숨결 다독여
봄날은 소리 없이
머나먼 내일의 빛을 여민다

- 졸시 「봄날 읽기 2」 전문

그림 그리기

2012년 6월 2일

원탁을 펼쳐 놓고 아이들과 함께 그림을 그린다. 남이, 여운, 민아, 애란은 크레파스를 들고 하얀 마분지에 거침없이 선을 쭉쭉 긋는다. 단번에 하얀 도화지가 꽉 차 버린다.

그림이 말을 한다. 대중없이 색칠한 것이 아무 것도 아닌 것 같지만, 아이들의 마음이 고스란히 나타나 있는 한 편의 글이다.

빈센트 반 고흐의 자화상에는 귀가 없다. 복남이는 천재 화가도 아닌데 그림을 그릴 때 귀 없는 사람을 잘 그린다. 심리적으로 귀 없는 인물을 그리는 사람은 남의 말을 잘 듣는다고 한다. 얼굴만 크게 그리고 눈썹은 솔잎처럼 삐죽삐죽 그려 넣는다.

여운의 그림은 빨간 바다에 하얀 깃발을 단 보라색 배가 노란 구름을 휘날리며 달린다.

민아가 그린 그림은 낙서 같은데 특별하게도 모음과 자음이 군데군데 들어 있다. 이게 무슨 그림일까? 도저히 알 수가 없다. 도형도 아니고 숫자도 아닌 특별한 기호들이 하얀 도화지를 가득 메우고 있다.

아이들이 그린 그림은 눈으로 평가하기 어렵다. 그렇다. 자세히 보려고 하지 말고 그냥 단순하게 보아야 한다. 단순해져야 함에도 늘 뭔가를 찾는 버릇이 있다.

쎙떽쥐빼리의 『어린왕자』에서 어른의 눈으로 본 모자를 어린 왕자는 '코끼리를 삼킨 보아 구렁이'가 들어 있다고 한다. 순수

한 아이가 그린 그림을 어른들은 자기들의 생각으로 해석하려고 한다.

우리 아이들은 무한한 상상력을 뛰어 넘는다. 자기만의 세계를 나타낸 그림을 비장애인들은 이해하지 못한다. 마음으로 보아야 하는데 근본적인 것은 눈에 보이지 않는다.

여운이가 그린 바다는 빨간색이다. 구름은 노랗고 배는 보라색으로 되어 있다. 모두가 화려하고 따뜻하다. 세상의 근심과 어둠은 들어올 틈이 없다. 비장애인들이 상식적으로 알고 있는 고정관념을 깨뜨리고 있다. 아이들이 그린 그림은 나름의 심리나 정서를 나타내고 있다. 자신을 억압하고 표현에 적극성이 부족하지만, 색 선택과 스케치 하는 모습을 지켜보고 있으면 그날의 기분과 감정 상태를 진단할 수 있다.

서른두 번째 캠프

2012년 7월 25일

아이들은 캠프를 손꼽아 기다린다. 목을 늘어뜨리고 기다린 캠프가 드디어 시작 되었다. 장애인들에게 캠프는 항상 즐겁다. 캠프를 통해 비장애인들로부터 최고의 관심을 끌고 사랑을 듬뿍 받는다. 누군가에게 자신의 이름이 불리어지고 인정받는 것보다 행복한 것은 없다.

벌써 서른두 번째 캠프에 참가한 아이들의 얼굴은 햇살처럼 밝다. 예전에 친해졌던 친구들도 다시 만난다. 그저 가슴 설레고 흥분된다. 며칠 전부터 밤잠을 설치며 기다려 온 캠프여서 그런지 모두들 상기된 표정들이다.

장애인 캠프는 장애인이 주인공이 된다. 최고의 대접을 받고 맛있는 것으로만 최고의 서비스를 받는다. 누군가에게 사랑을 받는 것보다 더 행복한 것은 없다. 그래서 평소 안 하던 어리광도 봉사자에게 많이 부린다. 때로는 혼자서 걸을 수 있는데도 못 걷는다고 어리광을 부린다. 사랑 결핍에서 오는 관심이 관건이다. 아이들은 자신을 좋아해 주는 사람 앞에서 더 많은 사랑을 받고 싶기 때문이다.

이번 캠프에도 학생 봉사자들이 많이 왔다. 한여름 날씨는 치열했다. 그렇게 더운 날씨에도 봉사자들은 제 짝지인 아이들과 손을 꼭 잡고 조심스럽게 잘 데리고 다닌다.

봉사자들은 걸을 때도 아이들의 보폭에 맞추어 걸어야 하고

밥을 떠서 먹여 주거나 말을 할 때에도 아이들의 눈높이에 맞추어야 한다. 화장실에 가거나 밥 먹으러 식당에 갈 때와 잠을 잘 때에도 늘 함께 움직인다.

간혹 아이들과 함께 하는 프로그램에 전혀 적응을 못 하는 학생봉사자들도 있다. 그들은 몸이 아프다고 집으로 가기도 한다. 학생 봉사자들은 힘들 때도 많지만 2박 3일 아이들과 함께 지내는 동안 정이 많이 든다.

사랑은 함께 하는 것이다. 내가 가진 것을 나누는 것이다. 사랑은 거창한 것이 아니다. 아주 작은 것으로 섬기는 것이다.

말복 지나고

2012년 9월 11일

말복이 지났다. 더위는 좀체 물러가지 않고 더욱 기승을 부린다. 아이들은 아침에 일어나 샤워를 해도 또 다시 씻어야 했다. 그러나 감사하게도 땀띠 하나 나지 않고 여름을 잘 보내고 있다.

매미 소리가 창문을 울린다. 이제 떠날 채비를 하는 것 같다. 그러나 아이들은 날씨가 더운데도 덥다고 짜증내지 않는다. 그 중에는 기분에 따라 밥그릇을 던지거나 엎는 아이도 있지만, 모두들 식사 때마다 편식하지 않고 잘 먹는다. 일어나라고 하면 일어나고 자라고 하면 잔다.

다만 신변처리가 제대로 되지 않아서 일이 끝나면 뒤처리를 해주고 생리대, 기저귀도 직접 도와주어야 한다. 혼자서는 아무것도 할 수 없는 30대의 아가씨들, 지금은 서툴지만 교육을 통하여 점점 좋아질 것을 기대한다.

일본 속담에 '미래를 볼 수 없는 것은 너무 찬란하여 눈이 부셔서이다'라는 것이 있다. 로마가 하루아침에 이뤄지지 않았듯이 소망을 가지고 아이들을 교육하면 언젠가는 빈 가지에 꽃이 피고 열매가 맺을 것을 믿는다. 우리의 작은 관심이 아이들에게는 힘이 되고 희망이 된다.

상수리나무 그늘이 청랑하게
한 옥타브씩 음색을 사루는 마을
풀꽃 세반고리가 우주에 귀를 단다
철 지난 장미꽃 서성대는 개여울
저녁을 읊조리는 물소리 멀어지고
개울물의 무릎에 실려서
눈먼 하루살이가 자맥질한다
풀섶 좁은 길을 등지는 해 그림자는
가뭇없이 소리죽여 사라지고
읍내에서 돌아오는 마을버스는
먼지 낀 엔진을 더듬거리며 숨이 멎는다
어느새 동구 밖은 새털구름에 잠기고
향나무 모발이 왼쪽으로 휘날리는 동안
구르는 검정비닐봉지 푸석이는
산머리 별 하나둘씩 돋아난다

- 졸시 「풍경을 깨우며 2」 일부

감 따는 날

2012년 10월 24일

감나무에 빨갛게 익은 감들이 주렁주렁 열렸다. 밀양 해돋는 집 뜨락에는 감나무가 다섯 그루 있다. 키 작은 감나무에서 해마다 열매들이 많이 달려서 아이들의 간식거리가 되어 준다.

텃밭 가운데 있는 감나무 한 그루는 열매가 유별나게 크다. 오디나무 옆에 있는 감나무 네 그루는 단감이다. 모두 모양이나 맛이 비슷하다.

단감은 붉게 익지 않아도 딸 수 있다. 올해는 바쁘다는 핑계로 시기를 늦추어서 모두 홍시가 되어가고 있다.

감이 익어갈 즈음이면 한별은 감나무 아래서 살다시피한다. 손이 닿을 만한 곳의 감은 거의 한별 차지다. 따 먹고는 호주머니마다 쑤셔 넣고 다닌다. 한별의 호주머니는 항상 불룩하다.

이미 홍시가 된 감은 까치가 와서 먼저 맛을 보고 간 모양이다. 쪼아 먹은 자국은 군데군데 상처가 나 있다. 익어서 저절로 땅바닥에 떨어진 감들이 수북하다.

수범이는 차분하게 감을 잘 딴다. 손이 닿는 곳은 손으로 딴다. 높은 곳은 장대로 딴다. 익은 감은 장대로 살짝 건드리면 '툭' 하고 떨어진다. 너무 잘 익은 감은 떨어지면서 부서진다. 탐스러운 감이 아깝다.

민아와 복남이는 소쿠리를 가져와 수범이가 장대로 떨어뜨린 감들을 주워 담는다. 순식간에 소쿠리가 가득 채워진다. 큰 그릇에 부어놓고 다시 줍는다. 남이는 부엌에서 제일 큰 들통을 들고 나온다. 아주 신나는 것 같다.

여운이는 감 따는 일에는 아무 관심이 없다. 이름을 불러도 대답이 없다. 방안에서 휴대폰으로 게임을 하거나 티브이 보기에만 바쁘다.

영훈이가 달려와 감나무에 올라가려고 발을 들어 올리자 가지가 뚝 부러진다. 하마터면 큰일 날 뻔했다. 감나무는 보기와 다르게 힘이 없다. 열매를 맺기에 바빠서 영양을 모두 쏟은 모양이다. 뿌리 근방을 파내고 퇴비를 많이 넣어야겠다.

고맙다!

2012년 12월 30일

또 한해가 저물어간다. 묵은 달력의 마지막 잎을 떼어내며 엽서를 적는다. 올해도 고마웠던 분들을 조용히 한 분씩 떠올려본다. 형광등 아래서 아름다운 얼굴들이 필름처럼 스쳐간다. 기도와 격려로 온기를 데워주신 분들이 있었기에 춥지 않았다. 그 사랑에 힘입어 아이들과 더불어 잘 걸어왔다.

그 분들은 하나님께서 보내주신 천사다. 하나님의 손길이며 기쁨이다.

한해를 보내면서 하나님은 잘 하였다고 등을 토닥여 주시며 빛나는 별 하나 더 달아주실 것 같다.

물을 마시러 주방으로 들어간다. 오늘따라 유난히 빨간 고무장갑이 눈에 반짝인다. 저 빨간 손으로 설거지며 청소를 말없이

다 해 준 손, 붉은 손이다. 일을 할 때마다 항상 도와주고, 내 곁에 있어준 고무장갑이 참으로 고맙다.

버턴 하나만 눌려주면 오줌 싼 이불이며 그 많은 빨래를 깨끗하게 씻어주는 세탁기도 고맙다. 한 번도 투정하지 않고 말없이 온 몸을 빙빙 돌리며 말보다 크게 찌든 영혼의 삶까지 삶을 헹구어 준다.

식구들의 밥을 따끈하게 지어 허기진 배를 채워 준 압력밥솥도 고맙고, 뜨거운 국을 식구들 그릇마다 골고루 떠 주던 국자도 고맙다.

그러고 보니 마음 따뜻한 사람들과 부엌의 집기들 하나까지 고맙지 않은 것이 없다. 생각해보니 나는 단지 아이들과 함께 있었을 뿐 내가 한 것이라곤 아무 것도 없다.

이불 목욕

2013년 1월 10일

아침에 한바탕 소동이 났다. 아이들이 빠져나간 이부자리 정리를 하려고 방문을 열었더니 비가 온 것처럼 방바닥이 흥건히 젖어 있다. 마치 물을 퍼다 부은 것 같다. 널브러져 있는 이불들이 거의 젖어 있다. 세탁하지 않아도 될 이불이 있는지 살펴본다. 어떤 것이 성한 지 알 수 없다. 남자 아이들은 모두 말을 못하기 때문에 누가 그랬는지 물어볼 수도 없다. 이부자리를 모두 거둬서 세탁기 앞으로 가져간다. 산더미처럼 쌓인 이불들이 통돌이 세탁기를 에워싼다.

하루 종일 많은 이불을 씻어내는 세탁기가 고맙다. 기계도 사람처럼 너무 무리하면 탈이 나게 마련인데, 한편 미안하기도 하다.

덕분에 이불들이 일제히 목욕을 하게 되었다. 동작 버튼 하나를 눌러주자 통돌이 세탁기 안에 들어간 차렵이불이 빙글빙글 돈다. 가끔 감당할 수 없는 무게에 삐걱거리고 덜컹댄다. 마지막 헹굼 단계에서 피죤으로 30분간 담가 뒀다. 향기 나는 린스에 담금질해도 준이의 이불은 지린내가 가시지 않는다. 그의 이불에서는 항시 설명할 수 없는 묘한 냄새가 난다.

해돋는집에 찾아온 겨울 햇살은 오래 머물지 않는다. 점심때가 지나면 해는 제 집으로 일찍 돌아간다. 그리고 흡입력이 약하다. 뒷산에서 바람이 불어오면 장대에 걸린 이불은 얼어서 뻣뻣하다. 저녁에 덮을 이불이 걱정된다. 이럴 땐 강렬한 햇빛이 그립다. 빨리 봄이 오면 좋겠다.

통돌이에 갇힌 어둠은
벌써 기력을 잃었다
나는 지상의 넓은 길을 밀어내고
비포장도로에서 덜컹거렸다
숨 가쁜 회전이 그리움처럼 밀려들면
찌든 무게는 목구멍까지 차오르고
설익은 탈출의 배수로가 휘청거렸다
강력세제를 넣고 전신을 돌리면
헹구어낼 수 없는 슬픔이

거품을 내며 스러졌다
이빨을 세워 하얗게 돌아눕는 사이
저만치 어린 새벽이 손짓하고
더 낮은 곳으로 허리를 굽히면
풀린 옷자락들이 서로의 어깨를 휘어감았다
일으켜 세운 생애가 신열이 나고
물 속에 잠긴 아침은 일어설 줄 모른 채
얼룩진 세탁물 속에서
오염된 내가 하나씩 지워져 갔다
버튼 하나로 삶을 조율하며
나는 언제나 끝이 나지 않는 몸살로
세상을 닦아냈다

- 졸시 「세탁기」 전문

즐거운 주일

2013년 2월 24일

예배드리는 것을 좋아하는 아이들은 전부 해돋는교회의 성도들이다. 찬송을 부르지 못해도 피아노 소리가 울려 퍼지면 곡조에 따라 흥얼거리며 마냥 즐거워한다. 그 중 지원이와 나원이는 1급 지적장애를 가진 남자 형제인데 아주 산만하기 짝이 없다. 쌍둥이라 그런지 행동까지 어떻게 판박인지 찬송을 부를 때는 온 몸을 좌우로 흔들며 어깨로 박자를 맞추는 행동도 똑같다. 마치 기둥시계 속의 추를 연상케 한다. 누가 가르쳐 준 것도 아닌데, 4분음 2박자와 3박자 그리고 4박자를 어쩜 그렇게 정확하게 몸으로 표현하는지 참으로 신기하다. 2박자와 4박자는 몸을 좌우로 왔다 갔다 하고, 3박자는 나비처럼 우아하게 고개로 웨이브를 만든다.

해돋는교회의 예배시간은 특별하다. 시간이 흐를수록 조금씩 좋아지고 있지만, 아직도 워~워~ 하며 말처럼 성전을 뛰어 다니는 영훈이, 목사님이 말씀 전하는 동안 강대상에 올라가 올려 둔 물을 꿀꺽꿀꺽 마시고 내려오는 나원, 괴성을 지르는 아이, 쉬~하거나 응아하는 아이 등 온통 아수라장 그 자체다.

가장 거룩해야 할 예배가 산만하기 그지없다. 세상 어디에서도 찾아볼 수 없는 어지러운 예배시간이다. 일반 교회에서의 경건하고 엄숙한 분위기는 아예 찾아보기 힘들다. 어수선하고 요란한 곳이지만 주님은 햇살과 바람의 모습으로 오신다. 또한 몸을 잘 가누지 못하고 휠체어에 앉아서 예배를 드리는 현국이 곁에서 미끄러져 내릴까 봐 눈을 떼지 못 하신다. 그리고 잦은 간질로 몇 번이고 풀썩 쓰러지는 은희 곁에서 떨리는 하얀 손을 꼭 잡아 주신다. 예배는 비록 경건하지 못해도 시종일관 주님은 함께 하신다. 기도를 하지 못하고 찬송 또한 어눌하게 불러도 그들이 온몸으로 드리는 예배를 기쁘게 받으시는 것을 믿는다.

아무리 바르게 앉게 해 주어도 옆으로 삐딱하게 앉은 예란이가 있는 반면, 말씀이 끝날 때마다 '아멘'을 잘 하는 나리가 있어 목사님은 힘을 얻는다. 찬송을 부를 때, 정신을 바짝 차리지 않으면 한별의 크고 특이한 목소리를 따라가게 될 때가 많다. 그러나 힘차게 찬송을 부르는 한별이가 있어 언제나 활기가 넘친다.

예전에는 예배시간을 5분도 채 앉아 있지 못하던 아이들이 이제는 한 시간을 쉽게 견뎌낸다.

주일 예배시간보다 더 기다려지는 것은 점심시간이다. 아이들은 하나님의 말씀보다 맛있는 것을 먹을 때 가장 행복한 것 같다. 주방에서 풍기는 구수한 된장 냄새가 오늘따라 아이들의 코를 더 강하게 자극한다.

너를 위하여 나는 끓는다
너를 위하여 나는 익는다
너의 시장기를 다독이며 나는 존재한다
먼 바다를 헤엄쳐 온 멸치들의 유희
너를 위하여 온 몸을 곤두박질하며
질긴 생을 우려낸다

- 졸시 「된장찌개」 일부

봄이 걸어온다

2013년 3월 22일

밀양 파서리에 있는 해돋는집 아이들 고함소리에 잠자던 봄이 놀라서 눈을 뜬다. 아직 꽃샘추위는 해돋는집 언저리를 맴돌고 있다. 성급한 봄은 아이들이 살고 있는 뜨락에 제일 먼저 찾아온다. 어린 봄이 앙상한 목련의 볼에 입을 맞추자, 웅크리고 있던 은행나무는 기지개를 편다. 대추나무도 덩달아 언 손을 털고 팔을 흔든다. 추위로 통로가 막혔던 모과나무의 혈관이 흐르고 목련가지 끝에는 젖 몽우리가 봉긋하게 솟아오른다. 밤새 몰래 찾아온 비가 마른 땅을 두드리자 잠자던 대지가 일어난다. 푸른 잎들이 밖으로 이마를 내민다. 이제 얼마 안 가서 온 세상은 봄의 불씨가 확 퍼질 것이다.

지난 겨울은 무척 추웠다. 해돋는집 뜨락에는 얼음이 꽁꽁 얼었다. 아이들이 땅바닥에서 미끄러져 엉덩방아를 찧었다. 수돗물은 배관 속으로 들어가 나올 생각을 하지 않았다. 제일 아쉬운 것은 화장실 문제였다. 옷에 용변을 한 아이들은 에테르보다 진한 냄새를 피워 올렸다. 손잡이가 달린 들통을 들고 마을에 가서 물을 여러 번 길어다 날랐지만 물통을 채울 수 없었다. 젖은 빨래는 산더미처럼 쌓이고 아이들은 허기진 배를 움켜쥐고 있었다. 차가운 바람이 등을 밀면 길어 오던 물방울 속에서 얼음길은 연거푸 태어났다.

귀를 열고 가만히 들어보면 봄이 오는 소리 점점 가까이 다가온다. 버들가지는 눈을 지그시 감고 묵념을 한다. 추위를 이기고 개선장군처럼 걸어오는 봄의 발자국 소리 귓가에 우렁차다. 행진곡을 울리며 힘차게 걸어오는 봄은 해돋는집 식구들을 위하여 새로운 세상을 펼친다.

해는 피노키오처럼 코가 길어진다. 키 큰 해는 마루까지 올라선다. 그리고 식구들의 얼굴을 골고루 어루만져 준다. 주방에서는 김치찌개가 식구들을 위해 즐겁게 끓는다. 청정해역 남해 바다를 건너온 멸치는 냄비 속에서 스무 고개를 넘고 네모반듯하게 잘린 감자도 덩달아 춤을 춘다. 행복한 밥상을 기다리는 아이들의 목이 오늘따라 길어 보인다.

정아야 울지 마

2013년 4월 4일

철원이가 곁에서 놀고 있는 여자 아이의 얼굴을 물어뜯었다. 우선 달려가 큰 소리로 울고 있는 정아를 달랬다. 얼마나 심하게 물어뜯었는지 얼굴에서 새빨간 피가 흐른다. 철원이가 물어뜯는 버릇은 자주 있는 일이지만 오늘은 더 심하다. 그것도 여자 아이의 얼굴을 물었으니 흉터가 남을까 걱정이다. 급히 정아를 데리고 성형외과에 갔다. 응급처지를 하고 흉터가 없어진다는 3만원 짜리 연고를 받아서 발라 주었다.

아이들은 감정이 잘 조절되지 않는다. 영화 <말아톤>에서 얼룩말을 좋아하는 자폐증 초원이가 지하철에서 얼룩무늬 옷을 입은 여자의 엉덩이에 무례하게 손을 댔다가 혼쭐이 나는 행동은 비장애인들은 이해가 잘 안 된다. 오늘 철원이의 경우도 예외가 아니다. 기분이 좋으면 좋다고 물어뜯고, 기분이 언짢으면 언짢다고 물어뜯는다. 일상생활 속에서도 거듭 교육을 하지만 너무나 갑작스런 행동에 당황할 때가 한 두 번이 아니다.

좀 더 아이들을 이해하기 위해서는 응용행동을 분석해 볼 수 있다. 우리가 주로 사용하지 않는 손으로 원을 두 개 그린다. 그리고 다른 한 사람이 거울을 비춰 주는 것을 보면서 처음에 그린 원과 원 사이를 따라 그린다. 그렇게 해보면 마음은 훤한데 마음대로 손이 따라 주지 않는 것을 알 수 있다. 이처럼 아이들은 문제 행동을 일으키고 싶지 않은데 돌발적인 문제 행동을 일으킨다.

오늘 철원이가 어떤 마음에서 정아를 물었는지 알 수 없지만, 싫어서 문 것은 아닌 것 같다. 경우에 따라서 어떤 아이는 자해를 하고, 어떤 아이는 마구잡이로 남을 물어뜯는다. 꼬집기도 하고 종이 박스를 보면 신경질적으로 갈기갈기 찢어발긴다. 그러면서 행복해 하고 카타르시스를 즐긴다.

체험 학습

2013년 4월 24일

지난 봄에 심었던 장미가 푸른 철책을 타고 올라간다. 장미꽃 매운 향기가 온 사방에 그윽하다. 뒷동산에서 들려오는 뻐꾸기 소리에 매화꽃이 다 떨어지고 새 잎이 돋아난다. 목련나무의 잎사귀가 무성하게 자라고 죽은 줄 알았던 배나무에서 하얀 배꽃이 피어 배시시 웃는다.

뜨락엔 푸른 잔디가 융단을 깐 것처럼 솟아오르고 군데군데 클로버 꽃이 무더기로 피어난다.

키 큰 은희는 대나무 소쿠리를 들고 와서 살구나무에 매달린 열매를 딴다. 탐스럽게 여문 노란 살구를 한 개 깨물어본다. 새콤달콤하다.

복남이와 영훈은 텃밭에 심은 상추랑 아욱에 물도 떠다 준다. 축 처져 있던 상추와 아욱 그리고 부추들이 마른 목을 축이고 고맙다는 듯 팔을 쭉 뻗는다.

2주 전에 심은 고추 모종이 벌써 많이 자랐다. 바람에 쓰러지지 않도록 막대기를 세워주고 잘 자라도록 거름도 수북하게 주었다. 남이와 나는 고추모마다 막대기를 받쳐 끈으로 꽁꽁 묶어 주었다. 물을 떠다 텃밭에 뿌려 주는 수범이와 종진의 콧등에 땀방울이 송송하다. 탐스럽게 영근 옥구슬은 햇살에 더욱 반짝였다.

우리가 직접 심은 것들을 식탁에서 먹을 것을 생각하니 절로 힘이 솟는다.

아이들이 물을 줄 때, "우리가 목이 마르면 물을 먹듯이 식물도 목이 마르면 물을 먹어야 한다"라고 말해 주었다. 은희는 이제 막 떡잎이 오른 상추에게 "물 먹고 많이 자라거라"하면서 땅이 흠뻑 젖도록 부어 주었다. 마악 땅을 밀치고 올라온 여린 잎이 쓰러졌다. 지원이가 뛰어오다 텃밭에 미끄러진다. 상추의 하얀 뿌리가 밖으로 나오고 지원이의 바지는 흙투성이가 되었다.

건너편 주유소에서 바람이 불어온다. 휘발 내음과 함께 풍겨오는 닭똥 냄새에 아이들이 코를 실룩인다.

자연과 더불어 지내는 아이들 얼굴에 풀물이 들어 있다. 아이들은 흙냄새를 맡으며 날마다 푸른 꿈을 꾼다. 오월은 푸르고 아이들의 꿈도 푸른 하늘을 닮았다.

안개가 소리 없이 너울대는 들판
간이 주유소 뒤편으로 검은 트럭이 지나간다
보얀 먼지가 그리움처럼 나풀거리면
비도 내리지 않는 처마 밑에서
헛기침들이 다투어 마른 매무새로 쏟아진다

키 작은 오랑캐꽃이 밭두렁에 걸터앉아
휴식이 되지 않는 이정표를 흔든다
개울 건너 젖는 마을에 깃발이 펄럭이고
철조망 사이로 푸른 산이 기어 오르면
볏잎의 복부를 팽팽히 풀어내는
실바람 눈가에 낮은 음악이 돋는다

시린 냇물이 도시로 달아나는 동안
늙은 산호수가 가부좌를 틀고 있다
게으른 땅에는 잡풀들이 눈 떠
기어드는 목소리로 자유를 외친다
밤이 흐르는 길목에서

목 쉰 개들이 낯선 얼굴들을 돌려 세우고
눈 먼 별 하나 떨어져 박히는 창공
지천으로 붉은 십자가가 도열해 있다.

삼등 국도 쪽으로 가슴을 내밀면
느릅나무는 언제나 누워서 자란다

- 졸시「해돋는집 3」전문

현국아 한 번만 걸어 보렴

2013년 5월 27일

햇살 좋은 날, 늘 누워만 있는 현국이를 일으켜 휠체어에 태우고 산보를 한다. 현국이는 부신 햇살을 똑바로 바라보지 못하고 자꾸 그늘 쪽으로 얼굴을 돌린다. 강둑에서 놀던 바람이 뛰어와 달라붙은 현국이의 머리를 매만져 준다. 현국이의 짧은 머리카락이 꼼짝도 안 한다.

"현국아, 좋지?"

현국은 기분이 좋은지 까르르 연거푸 소리내어 웃는다.

금빛 햇살이 휠체어 바퀴에 칭칭 감긴다. 무채색 옷을 입은 그림자가 우리 곁을 바쁘게 총총 따라 다닌다.

"현국아 한 번 일어나 걸어 볼래?"

걸을 수 없다는 것을 알면서도 딱 한 번만 현국이가 걸을 수 있다면 얼마나 좋을까 생각한다. 키가 큰 현국이가 걷고, 뛰고, 달려가는 모습을 상상해 본다.

언젠가 너무나 천방지축인 석이가 부엌에 와서 달걀 한 판을 바닥에 던지고 반찬을 손으로 움켜쥐고 먹으며 달아나는 것을 바라보던 현국의 어머니는 저렇게 소란을 피우는 것보다 차라리 누워서 지내는 것이 더 나을 것 같다고 하면서 꿈에도 소원은 자신이 살아 있을 때 현국이가 먼저 떠나주는 것이라고 했다. 가슴이 아렸다.

현국이가 다섯 살 때는 안고 다녔다. 빡빡 머리를 깎은 밤톨같이 잘 생긴 현국이를 나는 무척 좋아한다. 노래를 불러 주면 감상을 하듯 조용히 듣고 있다.

"현국아~" 부르자 소리에 민감한 현국이는 깔깔 웃는다. 그게 재미있어서 점점 더 높은 톤으로 이름을 불러 주었다.

현국은 태어날 때부터 걷지를 못했다. 처음에는 발육이 늦다고 생각했는데, 눈을 마주치지 않고 말을 하지 못했다. 병원에 가서야 비로소 뇌변병장애와 자폐를 겸한 중복장애인 판명을 받게 되었다.

어느덧 함께 살아온 세월이 28년이나 된다. 이제 현국이가 너무 커서 혼자서는 안을 수 없다. 목욕도 혼자서는 시켜주기 힘들다. 내가 현국이에게 할 수 있는 것은 그리 많지 않다.

"미안해, 현국아!!"

또 한 번 현국이가 웃는다. 현국이의 헐렁한 옷자락이 바람에 나부낀다.

현국이의 큰 눈망울 속에 푸른 하늘이 들어 있다.

제4장

밀양 가는 길

오디나무 있는 풍경

2013년 6월 24일

해돋는집 주변에는 오디나무가 다섯 그루나 있다. 오디는 봄부터 푸른 잎을 틔우다가 순식간에 까만 열매를 주렁주렁 매단다. 나무마다 까맣게 매달린 열매들은 아이들이 맛있게 따 먹는 간식이다.

오디나무 아래서 놀고 있는 아이들은 입술이 시퍼렇고 손이며 입 주변과 혓바닥이 보랏빛으로 변해 있다. 보랏빛 세상 밖에서 아이들은 둥근 꿈을 꾼다. 바람이 불면 오디가 춤을 추고 까만 눈알들이 우수수 떨어진다. 아이들 머리카락에는 온통 하얀 줄들이 진을 치듯 머리를 휘감고 있다. 마치 하얀 면사포를 둘러쓴 듯하다.

잎사귀 사이로 푸른 하늘이 내려다보고 있다. 떨어진 오디는 땅바닥에 수북이 쌓인다. 정희는 오디를 주워서 호주머니에 집어넣는다. 오디에 물든 호주머니와 하얀 블라우스는 수채화처럼 퍼져서 보라빛 꽃이 된다. 짓이겨진 오디 열매가 햇살에 반짝인다.

공기가 맑고 청아한 새들이 노래하는 뜨락, 하나님께서 주신 아름다운 자연 속에서 뛰노는 아이들의 모습은 한없이 평온하다. 하늘에는 흰 구름 몇 한가로이 떠다닌다.

부엌에서는 된장국 끓는 냄새가 풀풀 난다. 아이들 이름을 부르면 보랏빛 얼룩진 옷을 툭툭 털면서 식당으로 우르르 몰려온다.

> 움트는 수양버들 잎새 사이로 푸른 길이 아련히 뻗어 있다. 어린 새들 윤기 나는 깃털을 흔들며 창공으로 날아오르자 흰 옷 입은 여자들이 건너가는 들판으로 하나 둘씩 연초록 융단이 펼쳐진다.
>
> 이윽고 솟아오르는 햇살을 받아 눈을 감는 강물, 아늑히 흐르는 등판에 눈부신 숭어떼 길을 연다. 마을의 이마에서 추운 그늘이 걷히는 동안 동구 밖 미루나무는 잔잔한 웃음을 흩뿌린다. 철쭉 눈 뜨는 나지막한 언덕 위에 길게 소리

죽인 하행열차가 엎드려 있다. 밤 깊도록 꺼지지 않는 불빛, 몸짓이 유연하다.

- 졸시 「해돋는집 9」 전문

부경예술대안대학교의 음악시간

2013년 8월 21일

피아노에 맞춰 노래를 부르는 부경예술대안대학교 학생들은 얼굴마다 기쁨이 넘친다.

다 함께 입을 크게 벌리고 도 레 미 파 솔 라 시 도 발성 연습을 한다. 고른음은 진동이 규칙적이고 주기적인 것이지만, 음의 진동이 불규칙적이고 짧게 끝나버린다. 처음부터 고른음을 기대한 것은 아니지만 아이들의 목소리에서 나오는 소리는 참으로 표현하기가 어렵다. 무조건 큰소리를 내는 것이 이기는 것이다. 음을 한 옥타브씩 올릴 때마다 목구멍이 그르렁거린다.

회화는 색채에 의해, 문학은 언어에 의해 여러 가지 사상이나 감정을 표현하듯이, 음악은 리듬에 의해 사물에 대한 감상이나 풍경, 이야기 등을 표현하는 시간적인 예술이다. 아이들은 음은 고르지 않아도 노래할 때는 모두가 즐겁다. 입을 크게 벌릴 때마다 온 세상이 모두 아름답게 변한다.

키가 큰 은희를 비롯한 여운, 나리, 정아, 한별, 현선, 범이, 영훈, 종이는 각각 자신 특유의 소리로 즐거움을 나타낸다. 불협화음에 놀란 어둠이 모두 사라지고 온전한 기쁨이 햇살처럼 은산 마을로 펴져나간다.

휠체어에 앉은 현국은 몸은 움직이지 못해도 소리를 듣고 괴성을 지르며 깔깔 웃는다. 현국이를 좋아하는 복남은 웃음의 파동만큼 떨리는 그의 손을 붙잡고 있다.

아이들은 아무 걱정 근심이 없는 것 같다. 얼굴이 해처럼 밝다. 이 세상 어디에서도 이러한 평화는 찾아보기 힘들다. 오늘날 학생들은 공부에 시달리고 직장인들은 직장에서 맡은 일을 감당해

내기 위하여 무진 애를 쓰며 지쳐있다. 비장애인들은 세상 속에 살면서 할 일도 많고 나름의 고민도 많다.

구약성서 잠언에서는 세상에서 자랑할 것은 수고와 고통 뿐이라고 말하고 있다. 그런데 아이들은 걱정이 없어 보인다. 언제나 싱글벙글 웃는다. 더 가지려고도 하지 않고 그날의 배부름으로 만족한다. 겉으로는 부족해 보여도 아이들은 "아무 것도 염려하지 말라"는 하나님 말씀을 제일 잘 지키는 것 같다.

노래를 부르다 보면 박수를 치기도 하고 율동도 한다. 팔을 흔들고 모두다 퐁퐁 뛰기도 한다. 민아는 이마의 흐르는 땀을 손으로 훔친다. 얼굴에 웃음꽃이 활짝 피어난다.

아이들에게 다음 주 음악시간에는 슈베르트의 피아노 5중주 <송어>를 들려주기로 했다.

2012년 여름 캠프를 마치고

2012년 8월 22일

올해도 여름 캠프를 잘 마쳤다. 언제나처럼 부산 베데스다 캠프는 하나님의 인도하심과 특별한 관심 속에서 이루어졌다. 이번 여름은 유달리 더웠다. 캠프 때 밀양복지센터는 전국에서도 제일 온도가 높았다. 그럼에도 불구하고 아이들과 봉사자들 모두 지치지 않고 즐겁게 캠프를 잘 마쳤다.

캠프를 마치면서 교사들이 설문지를 돌려 조사한 것을 보면, 학생 대부분이 건강하게 태어나서 감사하다고 쓰고 있었다. 건강하게 낳아주신 부모님께 감사하면서 공부도 더 열심히 하고 훌륭한 사람이 되어 어려운 사람들을 돕겠다고 고백하고 있었다. 순서에 따라 부모님께 문자 보내기를 하였다. 어떤 부모님은 생전 처음으로 "건강하게 낳아 주셔서 감사하다"는 아들의 문자를 받고 펑펑 울었다고 했다. 오늘날에는 자신밖에 모르는 자녀들이 많다. 부모님께 반항하고 왜 공부를 해야 하는지 모르는 학생들도 허다하다. 캠프에 와서 그냥 철없이 뛰어 다니며 노는 것 같아도 3박 4일간 아이들과 함께 지내면서 나름대로 느낀 점이 많은 걸로 보여 흐뭇했다. 이처럼 인성교육은 체험을 통해서 가능할 수 있다는 것을 실감하게 했다.

아이들과 함께 캠프에 참석하기 위하여 학교의 보충수업을 뒤로 미루고 달려온 학생들, 본업인 학원 문을 닫고 학생들을 지도하며 캠프에 전력을 쏟아준 대연교회 조우진 집사님, 바쁜 스케줄을 미루고 베데스다 캠프 초창기부터 지금까지 캠프의 강사를 도맡아 설교해 주신 대구 동광교회의 김기환 목사님, 게다가 사모님이 식단을 준비하여 여전도회 성도님들과 지금까지 캠프 식사에 도움을 주셨다.

베데스다 장애인 캠프는 특별하다. 강사료가 없다. 오히려 후원금을 들고 와서 설교를 해야 하는 형편이다. 그래서 더 귀하고 감사하다. 이 모든 것을 잊지 않으시는 하나님께서 더 풍성한 은혜로 갚아 주실 줄 믿는다. 이번 캠프에도 여전히 바쁜 틈을 내어 먼 길 달려오신 아름다운 교회의 이승헌 목사님, 그 사랑 또한 잊지 못한다.

무엇보다 캠프를 통하여 아이들이 많이 성숙해졌다. 아이들은 함께 3박 4일을 보낸 짝지가 손을 잡아 주고 사랑한다고 속삭여

줄 때 힘이 생기는 것 같다. 그래서인지 은희는 항상 같은 말로 물어 본다. “언제 캠프해요?” 라고.

달구경

2013년 9월 14일

가을밤은 점점 깊어간다. 얼굴이 뽀얀 둥근 달이 환하게 세상을 비춰준다. 해운대에 살고 있는 베데스다의집 아이들과 집 밖을 나와서 달구경을 한다.

"와~ 달이다!"

아이들이 아파트 꼭대기에 걸린 달을 보며 아주 좋아한다.

"달은 누가 만들었을까?"
"하나님이요"
한별이가 얼른 대답한다.

"달 속에 무엇이 들어 있을까?"

재빠르게 대답한다.

"토끼가 두 마리 들어 있어요."

"그런데, 토끼가 뭘 하고 있지?"

"절구통에다 방아를 찧고 있네요."

한별이는 뒤질세라 큰 토끼가 뛰어 다닌다고 한다. 언젠가 달 이야기를 들려준 기억을 떠올리는 같다. 지능이 3~5세 밖에 안 되는 지적장애인이지만 참 똑똑하다. 식구들 중에서 특별하게 말을 할 수 있는 아이다.

평소 피부가 눈처럼 하얀 은희는 소원 중 하나는 얼굴이 까매지는 거라고 언제가 말한 적이 있다. 백옥 같은 은희의 얼굴이 달빛을 받아 더욱 뽀얗다.

하나님이 달을 만들었다는 것을 모르는 사람이 많은데, 하나님의 천지 창조를 기억해 내는 모습이 참으로 신통하다.

계수나무 아래서 토끼 두 마리가 방아를 찧고 있다는 것을 볼 수 있는 눈은 상상력의 높은 경지에 닿아 있다. 그것은 똑똑한 사람들의 눈에는 쉽게 보이지 않는다.

이러한 상상력은 '새로운 것에 대한 흥미를 제공하는 힘'과 극적 환상의 경지에 이를 수 '있다'는 코울리지의 논리에 이르게 한다.

상상력은 '눈이 있으나 보지 못하고, 귀가 있으나 듣지 못하고, 가슴이 있으나 느끼거나 이해하지 못하는' 것을 보고 듣고 느끼게 하는 힘이다.

어른들의 때 묻은 눈으로는 감히 생각도 할 수 없다. 그 본질을 어린 아이의 눈은 예리하게 사물을 꿰뚫어 보고 있다.

베데스다의집 아이들은 사물을 본래 그대로 볼 수 있는 눈을 가지고 있다. 몸은 조금 불편하지만 한없이 순수하다.

오늘밤 달은 두 귀를 활짝 열고 우리의 이야기를 모두 엿듣는 것 같다.

산책

2013년 9월 20일

화창한 날이다. 햇살이 눈부시게 빛나고 하늘은 더할 나위 없이 높아 보인다. 집 안에서만 갇혀 있는 아이들이 측은하기도 해서 운동장으로 데리고 간다. 모두들 서로 손을 잡고 땅이 꺼지도록 쿵쿵 밟으며 따라온다.

해운대 베데스다의집 앞 해동초등학교 운동장은 얼마 전에 새롭게 단장을 했다. 그리고 지역 주민들의 건강을 위하여 새벽 5시에서 7시까지 그리고 오후 5시부터 저녁 9시까지 운동장을 이용할 수 있도록 배려해 주고 있다. 운동장 한복판에는 파랗게 잔디가 깔려 있고 우레탄 트랙이 설치되어 걷기에 푹신하다. 우리 아이들이 편하게 잘 걸을 수 있어 고맙기 그지없다.

하늘에는 구름이 한가롭게 떠있고 운동기구 주변에는 호랑가시나무, 빨간 패랭이꽃, 파란 달개비, 노란 달맞이꽃, 하얀 개망초와 샐비어 등이 곱게 피어있다. 연못 속에는 금붕어가 꼬리를 흔들며 헤엄치고 다닌다. 물속을 가만히 들여다보면 부레와 올챙이고랭이가 팔을 나풀거린다. 연못 한복판에는 물레방아가 돌아가고 둥글게 밀어내는 물줄기가 미끄럼을 탄다.

운동장 주변을 조금 걷던 아이들이 힘겨운지 벤치에 나란히 앉아 더위를 식힌다. 어깨를 맞대고 도란도란 앉아 있는 모습이 너무 정겹다.

스마트폰으로 사진을 찍으려고 모두 "김 ~ 치!" 하자 아이들은 스마일 표정을 짓는다. 몇 번 포즈를 바꾸다가 좀 더 예쁜 몸짓을 취할 때 셔터를 누른다.

사진을 찍다보면 피사체에 한 걸음이라도 더 가까이 가고 싶어진다. 가까이 가야 나무의 이야기를 들을 수 있고 꽃의 표정을 볼 수 있기 때문이다. 사람도 가까이 다가가야 그의 삶을 이해하고 마음을 알 수 있다.

아이들에게 가까이 다가가는 것은 그들을 보다 더 이해하고 마음을 알 수 있기 때문이다. 그들이 서툰 말을 하여도 인내심으로 눈높이를 같이 하여 조용히 잘 들어 주어야 한다. 가끔 불안해 할 때는 손을 꼭 잡아주면 아이들에게 용기를 줄 수 있다. 희망이 꽃 핀다.

바람이 스칠 때마다 윤희 머리에 꽂은 나비 핀이 나풀거린다. 예란이가 해독할 수 없는 말을 내뱉으며 깔깔거린다. 나리가 따라 웃는다. 웃는 모습이 너무 예쁘다. 학교 뜨락에 핀 수선화 같다.

봉숭아 물들이기

2013년 9월 21일

더위가 한풀 꺾이고 여름이 떠날 준비를 하였다. 귀가 따갑게 울던 매미 소리도 잠잠해지고 아침저녁으로 서늘한 바람이 창문을 넘나들었다. 이번 여름은 아이들과 선풍기 한 대로 더위를 이기면서 땀띠 날까봐 몸을 더 많이 챙겼다. 더운 여름이 빨리 지나길 원했다. 그러나 떠나보내는 것은 언제나 아쉬움으로 남는다. 떠나는 계절을 조금 더 붙잡고 싶었다.

갑자기 아이들에게 여름의 추억을 만들어 주고 싶었다. 집 앞 화단에 활짝 피어있는 봉숭아꽃과 잎을 따다가 백분을 넣고 곱게 빻았다. 붉게 짓이겨진 봉숭아 꽃물을 큰언니인 복남, 둘째 여운 차례로 손톱에 올려 주었다. 예쁘게 하고 싶은 것은 아이들도 마찬가지인 것 같다.

언니들은 꽃물이 떨어질까봐 두 손을 쫙 펴고 있었다. 그리고 손을 쭉 뻗지 못하는 아이들에게도 봉숭아 꽃물을 올려 주었다. 손톱 위에 꽃물을 올려놓고 실 대신 랩으로 칭칭 감아 주었다.

나리와 예란이는 손톱에 올리기도 전에 젖은 봉숭아 꽃물을 떨어뜨렸다. 그리고 옷에다 손에 묻은 꽃물을 쓱쓱 문질렀다. 예쁘게 물들이고 싶어 두 손을 쫙 펴고 얌전하게 있는 아이들은 안간힘을 쓰고 있었다.

나는 "흰 눈이 오기까지 손톱에 물든 꽃물이 모두 빠져 나가지 않으면 첫사랑이 이루어진다."고 말해 주었다. 아무도 듣지 않는 이 말을 예전에 어머니가 나에게 해 준 것처럼 나도 들려주었다.

빨갛게 물드는 손톱에
함초롬한 유년이 태어난다
참새 같은 우주가 깨어나서
눈부신 별빛들을 쏟아낸다
지나간 생의 다난한 길목에서
사랑한 날들이 되돌아오고
강물 흘러가는 하류에서
애틋한 그리움 하나 눈뜬다
눈썹 달 지천으로 꼬리를 감추면

상현달 환하게 트여온다
가날픈 꽃잎 몸을 짓이겨
물든 세상 황홀하게 자리 펼 때
둥글게 말아 올리는 잎새들
다정한 손톱 끝에서 피어난다
어릴 적 아이들이 돌아오는
초가집 댓돌 아래
무심히 올려다보는 봉숭아꽃
비맞고 자란 여름 아침에
어깨춤 추며 오솔길 걷는다
울타리에 나지막히 피는 꽃분홍 얼굴
손톱 가득 싸매어 서러워한다

- 졸시「봉숭아 물들이기」전문

밀양 가는 길

2013년 10월 11일

김해를 지나자 노랗게 익은 벼들이 나란히 논바닥에 누워 있다. 감나무에는 홍조를 띤 열매들이 주렁주렁 매달려 있다. 무성하게 잘 자란 배추들이 밭 안을 가득 메운다. 들은 온통 위대한 밥상이다.

올해는 큰 비와 바람의 피해가 없어서 오곡이 더 신명나게 무르익은 듯하다. 풍요로운 들녘을 지나며 외갓집 가는 기분으로 가슴이 부풀어 오른다.

봉고차에 탄 아이들은 창밖을 내다보며 흥얼거린다. 남자 아이들은 창밖을 바라보다가 고함을 지르기도 한다. 좋을 때나 싫을 때, 그리고 답답할 때와 신경질 날 때의 목소리는 조금씩 차이가 있다. 방금 막 거칠게 쏟아내는 목소리는 즐겁다는 뜻이다.

똑같은 목소리지만 높낮이와 강약의 악센트에 따라서 감정과 뜻이 다르다.

차들이 질주하는 도시를 벗어나서 밀양강을 지나자 푸른 물빛이 저들끼리 재재거리며 반짝이는 모습이 나름대로 보기에 좋았던 모양이다.

운전을 하는 박 간사가 템포 빠른 복음송을 틀어주자 종진이는 중국말 같은 소리를 하며 손뼉을 치고, 준영이는 엉덩이를 들썩인다. 몸무게가 100kg이 훨씬 넘는 한나도 덩달아 엉덩이를 굴린다. 차가 휘청거릴 정도다. 가만히 있으라고 정 복지사가 다그친다. 아이들은 재미있다는 듯 더 심하게 엉덩이를 심하게 굴린다.

나는 보다 못해 조용한 음악을 틀어 주라고 했다. 갑자기 CD 속에서 영화 음악 <브루클린으로 가는 마지막 비상구>가 조용히 흘러 나왔다. 그렇게 요란하던 아이들이 거짓말처럼 차분해졌다. 음악이 분위기를 움직인다는 것은 알고 있었지만 실감나게 느꼈다. 그리고 아이들이 감정에 의해 조절된다는 것도 다시 깨닫게 되었다.

이제는 나리가 우울한 표정을 짓는다. 큰 눈에 눈물이 잔뜩 고여 있다. 눈꺼풀을 누르면 눈물이 왈칵 쏟아질 것 같다. 어디선가 코 고는 소리가 들렸다. 뒤를 돌아보았다. 그렇게 날뛰는 석원이가 깊은 잠에 푹 빠져 있다.

앞자리와 옆자리 그리고 뒷좌석을 번갈아 살펴보는 동안 우리가 탄 차는 남밀양 고속도로를 진입하고 있었다. 길가에 핀 코스모스와 억새가 우리를 향해 손을 흔들어 주었다. 말없이 바라보는 고운 눈빛들이 그윽하다.

자연은 언제나 우리를 사랑해준다. 봄여름가을겨울 새로운 옷을 번갈아 입으며 우리의 눈을 즐겁게 해 준다. 노란색을 좋아하는 사람을 위해 노란 프리지어를 피우고 빨간색을 좋아하는 사람들을 위해 빨간 카네이션을 꽃피운다.

인간에 대한 자연의 사랑을 음미하고 있을 때 차창 너머로 국도를 만들기 위하여 산허리를 뚫고 있는 광경이 보인다. 자연은 우리들에게 시시로 아름다움과 즐거움을 안겨준다. 그럼에도 불구하고 인간들은 욕망과 편리를 위하여 자연을 무참하게 해친다. 오늘따라 자연에게 하염없이 미안한 생각이 든다.

푸른 강을 바라보면서 엉덩방아를 찧으며 좋아하던 우리 아이들을 위하여 오늘 저녁은 맛있는 카레라이스를 준비해야겠다.

오래 사랑해야 할 사람

2014년 2월 4일

아이들을 데리고 살아온 것이 벌써 28년이나 된다. 현재 데리고 사는 아이들은 지적장애 1~2급, 혹은 자폐를 겸한 중복의 장애인들로서 돌보기가 힘든 중증장애인들이다.

4년 전 밀양 센터에 장애인만을 위한 부경예술대안대학교를 설립하고 음악, 미술, 문학, 체육 프로그램으로 끊임없이 교육을 해 나가고 있다. 장애인들을 위하여 전문성을 가진 교수님들이 재능기부로 헌신하고 있으며, 현지의 복지사들도 소신 있는 마인드로 계속 공부하면서 이들을 가르치고 있다.

지금까지 해 왔듯이 아이들은 끊임없이 교육을 하지 않으면 안 된다. 반복교육을 통해서 좋은 습관을 재현시킨다. 반복은 끝없는 훈련이다. 하나의 열매를 위하여 새로운 변화가 나타날 때까지 계속 진행되어야 한다. 만약 중도 포기하면 지금까지 해 온 과정마저 물거품이 된다.

베데스다의 아이들은 모두 특수학교에서 초·중·고등학교를 졸업하고 그 중 몇 명은 전문학교와 대학을 졸업한 장애인들도 있다. 이들에게 계속 반복 교육과 더불어 전문성을 장려하여 좀 더 나은 미래를 향하여 꿈을 실현시켜 주어야 된다는 것이 대안학교의 건립 목적이다. 언제까지나 비장애인이 장애인을 교육하고 봉사할 것이 아니라 이제는 교육을 받은 장애인이 장애인을 교육하고 전문성을 가진 장애인이 비장애인을 위하여 도움을 주어야 한다는 것이다. 그러한 날이 올 때까지 교육은 끊임없이 해 나가야 한다고 김용원 목사님은 매순간 힘주어 인식시켜 주고 있다.

장애인복지법에서 발달장애는 '사회적인 관계, 의사소통, 인지발달의 지연과 이상을 특징으로 한다. 제 나이에 맞는 발달이 이뤄지지 않는 상태로 발달 검사에서 평균적인 정상 기대치보다 25% 정도 뒤처진 경우를 말하고, 대부분 저연령에서 사회성 문제 진단에 가장 중요한 특징'이라고 나와 있다.

장애인은 지적장애와 자폐성장애로 구분된다. 지적장애인은 정신발육이 항구적으로 지체되어 지적능력의 발달이 불충분하거나 불완전하고 자신의 일을 처리하는 것과 사회생활에 적응하는 것이 상당히 곤란한 사람으로 정의되어 있다.

자폐성 장애인은 소아기 자폐증, 비전형적 자폐증에 따른 언어, 신체표현, 자기조절, 사회적응, 기능 및 능력의 장애로 인하여 일상생활이나 사회생활에 상당한 제약을 받아 다른 사람의 도움이 필요한 사람이다. 그 예로서 발달장애를 다룬 영화 <말아톤>은 자폐성장애인의 전형적인 모습을, <맨발의 기봉이>는 시골의 평범한 지적장애인의 순수함을 묘사해 개봉 당시 큰 감동과 많은 관객을 모으며 사회적 반향을 이끌어내기도 했다.

우리나라 등록 장애인은 1~6급으로 구분되는데, 지적장애인과 자폐성장애인은 각각 1급, 2급, 3급으로 나뉜다. 먼저 지적장애 1급은 정신 연령이 2~3세에 정체되므로 평생 타인의 보호가 필요하며, 신변의 위험에 대해서도 단독으로 처리하지 못하므로 가족 및 적절한 보호기관의 도움이 필요하다. 2급은 정신연령이 3~7세에 해당하므로 일상생활에 필요한 언어는 구사하지만, 추상 능력에 결함이 있어 독립해 사회생활을 할 수 없으며 누군가의 보호 하에서는 단순한 작업에 종사할 수 있다. 3급은 정신연령이 8~12세이므로 청소나 물건 운반 등의 간단한 일은 단독으로 가능하지만, 위험이 따르기 때문에 항상 감독과 보호를 받아야 한다.

일반적으로 장애 1급이 2급이나 3급보다 장애 정도가 심하다고 볼 수 있다. 그러나 간혹 교육과 훈련을 잘 받은 경우 예외적으로 2급이지만 3급보다 일상생활을 잘 수행하는 경우도 있다. 그러므로 장애급수만 보고 장애 정도를 예단하는 것은 옳지 않다. 지능지수가 그 사람의 모든 능력을 나타내는 것은 아니다. 다소 능력이 떨어져도 얼마든지 교육과 훈련을 잘 받으면 누구보다 성실하게 자기 삶을 영위할 수 있다.

발달장애는 유전되는 것이 아니다. 의학적인 치료는 현재로선 어렵다고 한다. 그러나 이론과 실제는 다르다. 부산베데스다선교회에서 교육한 아이들은 주로 중증장애인이며 장애 등급은 1급 혹은 2급이지만 꾸준히 교육한 결과 많이 나아졌다.

베데스다의 아이들이 앞으로 걸어가야 할 길은 계속 반복 교육이다. 버려진 땅에도 봄이 오듯 부모들로부터 포기와 절망으로 방치되었던 아이들이 좋아지고 확연하게 달라진 것은 현재의 모습이 잘 말해 주고 있다. 그것은 근 30년 동안의 결실로 얻어진 결과이다. 오랜 공동생활을 통한 교육으로 인하여 숟가락으로 밥을 떠먹지 못 하던 아이가 스스로 밥을 떠먹고, 아무데서나 방뇨하며 학교 갈 때 차창 밖으로 신발이며 가방을 던져 버리던 버릇이 시정되고 종이를 보면 모두 갈기갈기 찢어 버리던 행동, 자해 및 도박, 정서불안 등은 거의 완화되고 주일날 예배시간에

5분을 채 앉아 있지 못하던 아이들이 1시간은 조용히 앉아서 예배를 드리고 있다.

여기까지 이르기에는 30년의 시간과 인내심이 필요했다. 그 노력은 결코 헛되지 않았다. 장애인은 말 그대로 오래 사랑해야 할 사람이다. 그 사랑은 참으로 오래 참고 함께 걸어가는 것이다.

부산진 척박한 지하에서
폭우가 쏟아지면 세간들이 둥둥 떠다녔다
흘러내리는 땀을 훔치며
잠긴 물을 퍼 올리는 동안
삭막한 지하의 탈출을 꿈꾸기도 했다

바닥난 쌀독을 밀가루로 채우고
한 점 겨자씨 같은 내일을
수제비를 떠서 끼니를 건넜다
허기진 배에 사랑을 채우고
한 줄기 빛을 향하여
달빛 은은한 사막을 지나
낙타처럼 여기까지 왔다

재송동 산비탈의 찬 바람도 뿌리치고

남산동 숨찬 하늘도

이제는 푸르른 희망으로 펄럭거렸다

- 졸시 「영원한 베데스다」 일부

G . M 글로벌 봉사활동

2014년 2월 13일

서울 G. M 글로벌에서 청년들이 1박 2일을 봉사하러 밀양복지센터에 왔다. 봉고에서 내린 청년들은 여장을 풀자마자 주변을 말끔히 청소를 한다. 그리고 미리 준비해 온 자료들을 가지고 게시판을 예쁘게 꾸민다. 글을 쓰는 사람, 그림을 그리는 사람, 가위로 색종이를 오려내는 사람, 각각 자신의 재능을 기부해 주고 있다.

자신에게 있는 것을 나누어 주는 모습이 아름답다. 현대인들에게 시간은 돈보다 더 귀하다. 함께 시간을 맞추어 틈을 낸다는 것이 그리 쉽지 않을 텐데 아이들을 위하여 먼 길까지 와 준 청년들이 참으로 고맙다.

부경예술대안대학교에서 공부하는 음악실과 미술실 그리고 아이들의 방과 사무실이 순식간에 곱게 꾸며졌다. 음악실은 즐겁게 노래할 수 있는 분위기를 자아낸다. 미술실은 그림을 그리고 싶은 충동을 느끼게 만들고 식당은 음식을 즐겁게 먹을 수 있게 꾸며 주었다. 아이들의 방은 아늑하고 교회는 말씀으로 은혜가 넘친다.

썰렁하던 강의실이 아기자기하고 온기가 피어오른다. 아이들의 학업 열의가 치솟아 오를 것 같다.

멋진 청년들은 아이들 개개인의 사진을 찍어준다. 그리고 단번에 출력하여 색종이로 받쳐 게시판에 달아 주었다. 아이들이 꽃받침 속에 들앉은 제 모습을 보고 무척 좋아한다.

정숙은 사진이 혹여 떨어질까 봐 두 손으로 꾹꾹 눌러준다. 민아는 '그렇게 하지 마라'는 뜻인지 잽싸게 정아 손을 뿌리친다. 정아가 운다. 서울에서 온 여선생님이 부드러운 서울말로 정아를 달래고 있다. 민아는 부러운 듯 물끄러미 바라보고 있다.

그런데 아이들이 잘 정리된 그림판을 건드리지 않을까? 종이만 보면 찢는 버릇이 있는 영훈에게 "게시판에 손대지 말라"고 단단히 일러야 되겠다. 훈이는 종이만 보면 모두 갈기갈기 찢는다. 잘 살펴보지 않으면 우편으로 온 공과금 청구서나 신문 그리고 지폐 등을 아무 생각 없이 찢는다.

아름다운 손길을 통해 희망의 꽃이 피어난다. 책장에는 흐트러진 아이들의 그림책들이 가지런하게 들어가고 공책과 크레파스도 차곡차곡 포개져 있다.

겨울방학이 끝나고 3월이 오면 부경예술대안대학교가 개강을 하게 된다. 새롭게 단장된 강의실을 보고 장애인 학생들이 아주 좋아할 것을 생각하니 가슴이 벅차다. 도움을 준 지엠 글로벌 청년들이 참으로 고맙다.

목련꽃이 피었어요

2014년 4월 3일

목련꽃이 피었다. 해돋는집 뜰 안이 환하다. 아이들과 함께 목련꽃 아래서 사진을 찍었다. 웃음꽃이 활짝 핀 아이들의 모습이 목련을 닮았다. 하얗게 빛나는 목련의 미소 앞에서 아이들도 동화되는 것 같았다.

박목월의 <4월의 노래> '목련꽃 그늘 아래서 베르테르의 편지를 읽노라'는 시구가 떠올랐다. 그 중에서 '생명의 등불을 밝혀든다'는 구절이 가슴에 와 닿는다. 4월은 희망을 불어 넣어준다.

T.S 엘리엇은 <황무지>에서 겨우내 얼었던 땅에서 파란 새싹이 솟아오르는 것을 보고 '4월은 가장 잔인한 달'이라고 했는데 지독한 역설 앞에 생명력이 넘쳐흘렀다.

목련은 매화와 더불어서 겨울을 견디고 우리에게 제일 먼저 찾아와 준 봄의 전령사 같은 꽃이다. 지난 겨울 혹독한 추위에 얼어 죽는 줄 알았는데 버텨준 인내심이 대단하다. 바람이 스칠 때마다 목련의 자태가 우아하게 나풀거렸다.

영국 시인 셀리가 "만약 겨울이 온다면 봄이 멀지 않으리" 노래한 것처럼 목련이 피면 봄은 우리 앞으로 빨리 다가올 것을 예고한다.

겨울이 지나자 봄은 어김없이 우리를 찾아와 주었다. 따사로운 봄볕은 제 온기를 풀어 아이들에게 골고루 나누어 주었다. 휠체어를 타고 봄맞이 나온 국이는 얼굴을 찡그리며 웃는다. 개나리꽃 색깔을 닮은 노란 조끼를 입은 나리도 활짝 웃는다. 영이는 두 손으로 깍지를 끼고 하늘을 향하여 둥근 포즈를 취한다.

민아는 오른 손에 든 인형을 흔들며 노래를 부르고 현선이는 파릇파릇 돋아나는 잔디 위에서 강아지를 눕혀 놓고 등을 쓰다듬어 주고 있다.

영훈이는 평소 들고 다니는 소쿠리가 몇 개 더 는 것 같다. 단추, 바둑알, 몽당연필, 클립 고무줄, 티스푼 등의 잡동사니와 아이들 운동화에서 끈을 풀어 가득 채우고 다닌다. 어쩌다 소쿠리를 건드리면 집이 달아날 정도로 고함을 지르며 칭얼댄다.

해돋는집 뜨락 앞 논에는 미나리가 파랗게 솟아오른다. 개울

물이 졸졸 흐르고 논두렁에는 냉이와 씀바귀 그리고 쑥들이 도란도란 피어있다. 큰언니 남이는 바구니를 들고 나물을 캐러간다. 부엌에는 과일 깎는 칼이 하나도 성한 것이 없다.

겨울을 나는 동안 식구들 모두 건강해서 감사하다. 아이들을 바라보며 목련꽃이 활짝 웃는다.

수줍게 갓 피어오른
보랏빛 여린 눈빛으로
너희들의 세상
햇빛 투명한 꿈을 알 수 있다

긴 밤 휘몰아치는 비바람
키를 넘는 눈보라 내려 쌓여도
너의 은은한 자태
환하게 틔어오는 빛 속에 있다
네 안에 쓰린 아픔
네 줄기와 꽃망울로 번지는
애틋한 사랑
....
....

한층 물오른 싱싱한 목숨

비바람도 눈보라도

만나지 않았던 것처럼

목련 네 저리 싸늘하면서도

고요한 영혼의 푸르름이여

- 졸시 「목련에게」 일부

현국 이야기

2014년 5월 3일

현국이가 밥을 잘 먹지 않는다. 며칠째 용변을 못 봐서 그런지 어디 몸이 불편해서인지 알 수 없다. 계속 칭얼대기만 한다.

현국이는 지적장애 1급이지만 뇌병변 장애와 자폐증의 중복장애를 가지고 있다. 그는 다섯 살에 해운대 베데스다의집에 와서 지금까지 함께 살아가고 있다. 벌써 28년의 세월이 흘렀다. 현국은 언제나 누워서 지내고 있다. 현국이가 일어나 한 번만이라도 걸을 수 있음 얼마나 좋을까?

나는 밤톨처럼 여물고 잘생긴 현국을 어릴 때 안고 다녔다. 말을 못해서인지 소리에 민감했다. 그리고 소리 나는 쪽으로 얼굴을 돌렸다. 그래서 "현~국아!" 억양을 넣어서 부르면 까르르 웃는 게 좋아서 계속 이름을 불러주곤 했다.

그런데 어느덧 서른세 살이 되었다. 현국은 앉아서 먹는 사람들보다 소화를 잘하는 편이다. 특별히 치아가 튼튼해서 고기도 꼭꼭 씹어서 잘 넘긴다. 하루 종일 무엇을 생각하는지 큰 눈동자를 껌뻑이며 손으로 바닥을 치고 소매 끝을 입으로 당겨 와서 물어 뜯는 버릇이 있다. 그리곤 알 수 없는 소리를 지른다.

낮잠을 자는 날이면 낮과 밤이 바뀌어 모두들 잠을 잘 때도 방바닥을 치며 소리를 지른다. 그 소리는 현국에게 노래가 되기도 하지만, 식구들은 잠을 설치기도 한다.

기분이 좋을 때는 계속 웃고 기분이 나쁠 때는 시무룩하다. 이제 현국의의 얼굴만 봐도 컨디션이 어떤지 짐작할 수 있다.

우선 소화제를 갈아서 스푼에 담아 먹인 후 관장을 하고 잠든 현국이 얼굴을 물끄러미 지켜본다. 뛰놀던 파도가 잔잔해진 것 같다.

너는 누워서 자라는 한 그루 자작나무
휘어진 나이테 사이로 환하게 허리를 꿈틀거리면
아랫도리에서 푸른 날개가 돋아난다
네 커다란 눈 속에는 아득한 하늘이 살아 스멀거리고
검은 동공을 깜빡일 때마다 끝없는 강물이 출렁거린다

네 망막을 따라 뭉게구름이 아린 꿈을 피워 올리면
너의 세상은 훈훈한 습기에 젖는다
별이 내려오지 못하는 호수에서
너는 다만 카시오페이아 별자리의 꿈을 꾼다
결국 탈출 할 수 없는 너의 고답적인 지상
햇살은 눈부신 별을 벗겨내고 부질없이 찾아드는
한밤의 달빛 속에서도 처연하게 네 펴지지 않는 허리를
서러운 몸짓으로 산산이 헐어낸다

살 깊은 정오의 햇볕이 사위어가면 너는 그늘 한 점 밝혀진
뇌병변 한 가운데서 홀로 외로운 발등을 태운다
경청되지 못하는 너의 은어, 굽은 팔을 휘두르며
잎이 무성한 무화과 가지를 무료하게 흔들어댄다
햇무리가 긴 꼬리를 세우며 마루를 누비고 나가면
너는 떨리는 어깨를 베고 잠든다
비로소 헤매는 깊은 너의 꿈길, 걸음을 상실한 너는
다만 모로 누워 다리를 뻗는다
서툰 옹알이로 얼어붙은 심장이 저녁을 풀어내는 그림자를
지으면
드디어 낯선 송신을 시작할 때
너는 묵은 상처와 은유로 시작하는 시간 앞에서

모조리 천상의 기억으로 길러낸다
너의 날개짓이 퍼내는 풍문은 눈부신 애드벌룬에 실려 날
아오른다.

- 졸시「현국이」전문

아침 한마당

2014년 6월 5일

아이들이 목욕을 하고 문 밖으로 나올 때 돌계단에 앉았던 바람이 뛰어나와 제 몸으로 젖은 모발을 닦아준다. 나팔꽃이 얼굴을 활짝 펴고 방긋 인사를 한다. 햇살의 눈부신 노래가 온누리에 퍼져 나가자 어둠은 누웠던 자리에서 벌떡 일어나 달아난다.

배나무 위에서 까치가 운다. 혹여 반가운 손님이 오실까. 부엌에서는 하얀 김들이 다투어 피어오른다. 밥솥에서 솟아오른 수증기가 시장기를 끌어 올린다.

식탁을 말끔히 닦아놓고 아이들을 부른다. 모두들 재빠르게 달려온다. 식당에 온 아이들은 담당 복지사가 시키는 대로 한 줄로 서서 배식을 기다린다. 천방지축 몇몇 아이들은 얌전히 기다리지 못하고 손으로 덥석 반찬을 집어다 먹는다.

밥은 아이들의 얼굴을 보면서 퍼 준다. 주로 많이 먹는 편이지만 적게 먹는 아이도 있다. 식사량을 모르면 음식을 많이 버리기 때문이다. 쌍둥이 형제 지원이와 나원은 골고루 먹지 않기 때문에 넓은 그릇에 반찬을 가지런히 놓아준다. 그런데 편식이 심해서 먹기 싫은 반찬은 옆으로 골라낸다. 그리고 남의 그릇에 담긴 고기나 감자를 손으로 한 움큼 집어와 흘리면서 입 안에 모두 집어넣는다. 반찬을 빼앗긴 난이는 소리를 지르면서 운다. 복지사는 말리러 달려간다. 식당 안은 아수라장이 된다.

지원이와 나원이의 식탁은 아이들과 조금 간격을 두고 차려준다. 두 형제도 서로 떼어 놓는다. 그리고 밥을 다 먹을 때까지 곁에서 지켜봐야 한다. 다섯 살 때나 성인이 된 지금에도 특별한 식사습관은 변함이 없다. 언제나 눈부터 생글생글한 쌍둥이 형제는 오늘 아침도 용감했다.

아침 뜨락에 다소곳이
정겨운 햇살들이 모여산다
돌계단에 웅크린 적막을 밀어내고
손길 닿는 땅마다 점점 더워진다

주고받는 이야기들 눈부신 꽃으로 영글고
무수히 뿌려지는 햇살이 숲으로 자란다
작은 육신 하나가 게워내는

이 완벽한 해체
어두운 입자들은 허공에서 사살된다

우울한 지상은 이제 사그라져
사방에서 웃음소리 퍼져나갈 때
그늘은 문턱 아래 쓰러져 자취를 감춘다
뒤란에서 웃자란 그림자
뒤집어쓴 햇살 속에서 곤두박질친다

멀리서 그리움처럼 다가오는 그대
새하얀 가슴에 분꽃 한 잎 달고 있다

- 졸시 「해돋는집 4」 일부

민들레 꽃잎이 흩날린다

2014년 6월 7일

철지난 민들레 꽃잎이 하얗게 흩날린다. 아직도 햇살은 목소리가 쩡쩡하다. 눈부신 햇살을 등에 매달고 아이들이 뜨락을 뛰어 다닌다. 더러는 공을 차고, 여자 아이들은 논가에 앉아 질긴 미나리를 캔다. 소쿠리 가득 미나리보다 잡풀이 수북하다. 성급한 날파리는 허공을 비행하고 키 작은 오랑캐꽃이 밭두렁에 걸터앉아 뛰노는 아이들을 지켜보고 있다.

오디나무에 매달린 열매들이 까만 눈알을 반짝이며 아이들을 기다리고 있다. 기다리다 아이들이 오지 않으면 제 혼자 후두둑 떨어진다.

영훈이는 분리수거를 위해 모아둔 종이 박스를 쭉쭉 찢어서 잘게 부순다. 예전에 하던 행동이 그친 줄 알았는데, 가끔씩 종이 찢던 기억이 생각나는지 아주 즐겁게 그 일에 몰두하고 있다. 평소 같았으면 하지 말라고 했을 텐데, 오늘은 실컷 하도록 내버려 둔다.

방문을 활짝 열자 탁한 공기가 쏜살같이 밖으로 뛰어 나간다. 종일 누워서 천장만 바라보는 현국이를 샤워시켜 새 옷으로 갈아입히고 휠체어에 태워 일광욕을 시킨다. 까르르 웃는 현국이 눈 속에 푸른 하늘이 들어 있다. 가만히 들여다보면 현국이 눈 속에 내가 들어 있다.

눈을 뜨는 새벽 언덕으로 길이 열리고
해산을 끝낸 산이 돌아 눕는다
어둠을 떨쳐내는 개오동나무가 손을 씻으면
컨테이너 아래 씀바귀 고개를 내민다
천 개의 소리가 허공에서 쏟아져 내리는 동안
늙은 민들레 꽃잎이 노랗게 흩날리고
가변차선 위에서 시야를 변속하는 카니발
잠 못 이룬 안개는 하늘에 등을 기댄다

변성기 지난 정오의 싸이렌이 발성연습을 한다
한 옥타브씩 여린 음계가 높아질 때마다
해바라기 꽃시계가 우주를 안고 돈다
철 지난 풀무치 서성대는 강둑
강 건너 마을의 지붕은 점점 멀어지고
강물의 무릎 위에서
어린 햇살이 옹알이를 한다
목조계단을 오르던 검은 비닐봉지가
흔적 없이 사라지면
기차의 경적 소리는 꼬리를 감춘다

- 졸시 「해돋는집 2」 일부

덕계 예은의집 식구들

2014년 6월 10일

스케치북을 펼치고 그림을 그린다. 영수가 크게 동그라미를 그리면 종진이는 단번에 색깔을 집어넣는다. 푸르고 빨간 색이 원형 속으로 들어간다.

매일 정해놓고 색칠공부, 동화책 읽어주기, 노래하기 등 잘 하든 못 하든 끊임없이 감성공부를 시킨다. 열심히 하다보면 어느 결에 따라오게 된다. 그림공부는 밑그림을 그려준 곳에 색칠을 하게 하는데 산만하던 행동도 줄어들고 집중력도 있어 자연스럽게 치료도 겸하게 된다.

미술치료는 미술이라는 다양한 매체와 자유로운 미술방법을 통해 자신이 표현하고 싶은 심상을 나타냄으로써 자신의 감정을 다른 사람에게 전달할 수 있는 의사소통 기술을 향상시켜주고 완성된 작품을 통해 성취감을 느끼게 할 수 있다.

Malchiod에 의하면 미술치료는 미술작품을 만드는 창조적 과정에 치료효과가 있으며 삶의 질을 향상시키는 효과적인 의사소통의 양식이라고 하였다.

일차원적 의사소통 방식인 언어적 표현과 달리 그림에서 표현되는 공간적 특징은 다양한 경험을 표현해 준다. 특히 미술매체를 통한 표현은 창조성을 자극하고 의식의 검열을 적게 받아 자신의 의식적인 것뿐만 아니라 무의식적인 것까지 표현하도록 돕는다.

미술치료는 20여 년 전에 부산 연산동에서 선교 사무실 안에 아동조기 치료실을 열고 언어치료와 행동치료를 병행해 왔다. 데리고 사는 아이들이 학교에 갈 연령이 되자 부산 연산동에 있는 동암학교에 입학 시킨 후 초등부 6년, 중등부 3년, 고등부 3년, 그 중에서 2명은 전문학교를 마치기까지 매일 학교에 데려다 주고, 수업이 끝날 때까지 기다렸다가 다시 데리고 오곤 했다. 아이들의 학교생활과 생활교육이 별로 반응을 보이지 않았는데, 이제 눈에 보이게 조금씩 변하고 있다. 말을 하면 알아들을 줄 알고 기쁘면 웃고, 슬프면 울음을 터뜨린다.

감정은 의사소통을 여는 문이다. 예전에는 등산을 하고 집에 오면 한 사람씩 샤워를 시켜 주었지만, 지금은 스스로 씻을 수 있도록 한다. 아직도 부족하기 이를 데 없다. 그러나 지칠 줄 모르는 에너지를 활용하여 좀 더 나은 내일이 있기를 기대한다. 푸른 꿈이 살아 꿈틀거리는 것은 희망의 심장을 뛰게 한다.

시간이 흐르자 이제는 자신들이 씻지 않고는 견딜 수 없어 한다. 버릇은 습관이다. 아직 제대로 씻지 못하고 삼푸만 많이 허비하지만, 교육을 하기 위하여 하나씩 가르쳐 나가고 있다.

매일 체육 프로그램에 맞추어 더욱 몸이 단단해진 예은의집 식구들은 하루가 다르게 몸집과 키가 쑥쑥 자란다. 행동장애도 점점 나아질 거라는 희망을 가지고 오늘을 힘차게 달려간다.

제 5장

나도 집으로 가고 싶다

나리를 생각하며
보고 싶은 얼굴
민아의 지도
이슬 내린 아침
나도 집으로 가고 싶다
등산 이야기
술래 잡기
뷰티풀 나눔 콘서트
희망대학교 학생들
닭볶음 요리
구멍 뚫린 지붕
황예행 선교사님 기념예배
어머니 황예행 선교사님을 추억하며
제주도 캠프
사랑의 음악회

나리를 생각하며

2014년 8월 25일

무채를 쓸다가 잘못하여 손가락이 베었다. 대일 밴드를 찾아 붙였다. 한여름이라 그런지 몇 시간 지나지 않아 반창고 붙인 부위가 허옇게 너덜거린다. 순간 나리를 생각한다. 나리는 30여 년을 하루도 빠짐없이 기저귀를 차고 산다. 그럼에도 불구하고 기저귀를 갈아주거나 목욕을 시킬 때 살펴보면 피부는 보송보송하고 매끈하다. 참으로 신기한 일이다. 다른 아이들은 생리대를 며칠 착용해도 피부가 짓무르곤 하는데 세상에서 제일 특별한 피부를 타고 난 것 같다.

지적장애1급인 나리는 평소 다른 말은 다 알아 듣는다. 아침에 일어나라는 것, 밥 먹으러 오라는 것, 밖에 나가자는 것 등 시키는 것은 다 따라한다. 얼마나 단정한지 열린 문을 보면 꼭 닫아야 하고 옷을 입을 때도 단추를 잘 채운다. 어쩌다 서랍이 열려 있으면 달려가서 꼭꼭 닫고 옷에 묻은 밥알도 툭툭 잘 떼어낸다. 찬송을 부를 땐 얼마나 꾀꼬리처럼 맑고 아름다운지 듣는 이에게 감동을 준다. 학교에서 배운 노래와 찬송을 번갈아 부르며 어떤 날은 거의 하루 종일 노래를 입에 달고 있다. 음정과 박자도 정확하고 어려운 못갖춘마디의 박자도 틀리지 않고 불러서 대단하게 여겨진다. 만약 나리가 장애를 입지 않았다면 틀림없이 훌륭한 성악가가 되었으리라 추측된다. 어렸을 때 고집 피우고 꼬집던 버릇도 점점 없어지고 이제는 많이 정숙하고 편안해 보여서 고맙게 생각한다.

언젠가 나리 동생이 결혼하는 날, 나리는 아침을 먹지 않고 창밖을 내다보며 울고 있었다. 평소에 감정이 예민한 나리는 기분에 따라서 곧잘 우는 편이었다. 그날도 기분이 우울한지 눈물을 줄줄 흘렸다. 아무도 나리 동생이 결혼한다고 말하지 않았는데 참으로 이상했다. '나리가 장애를 입지 않았다면 예쁘게 치장하고 결혼식에 참석했을 텐데' 생각하며 나는 조용히 나리를 꼭 껴안아 주었다. 뭐라고 말은 하지 않지만 뭔가 느낄 수 있다는 것은 신경이 통한다는 것일 것이다.

요즘 얌전한 아가씨로 변해가는 나리가 신변처리만은 교정이 되지 않는다. 하루에도 몇 번씩 시간을 맞춰 놓고 화장실 갈 것을 말해준다. 화장실을 갈 때는 수돗물을 틀어 주면서 소변 할 것을 상기시킨다. 그래도 변기에 물만 내리고 나와서 기저귀에 오줌을 눈다. 가끔 화장실에 가서 소변을 하게 되면 "정말 잘 했다"며 박수로 칭찬을 해 주곤 한다. 그러나 그런 환상도 잠시 기대와 꿈을 쉽게 지워버린다. 요즘은 나리가 스트레스 받을 것 같아 그냥 자유롭게 신변처리를 할 수 있게 도와주고 있다. 기저귀에다 실례를 하면 행위 그대로를 받아들이고 단 한 번이라도 화장실에서 제대로 용변을 처리하면 칭찬을 퍼붓는다.

얼마의 시간이 흐르면 나리가 스스로 화장실 갈 수 있을까? 이렇게 무더운 날은 더욱 나리를 생각하게 된다. 오늘도 기도 제목 중에 '나리의 신변 문제'는 맨 처음으로 꼽힌다.

보고 싶은 얼굴

2014년 8월 27일

해운대 베데스다의집 큰언니인 복남이가 오랜만에 언니 집에 갔다. 간 지 사흘이 되었다. 여운은 종일 동생들과 잘 지내다가 저녁이 되자 갑자기 "언니가 보고 싶다"고 펑펑 울었다. 복남이와 여운은 함께 있을 땐 곧잘 티격태격하지만, 보이지 않으면 서로가 찾고 그리워했다. 그 정은 하루아침에 든 것이 아니다. 2~30년 가깝게 조금씩 물이 든 것이다. 정이란 무섭다. 깊어진 정은 뜨겁고 진하다.

여운이는 평소 커피를 타는 일과 하기 싫은 일은 언니에게 슬그머니 미루곤 한다. 그러나 간질 약을 복용하는 복남 언니에게 약 먹었느냐고 매일 챙겨 주는 여운이의 심성은 이름처럼 곱다.

어쩌다 밥을 먹지 않으면 "언니, 약을 먹으려면 밥은 꼭 먹어야 돼." 하고 먹기 싫은 밥을 먹게 만든다.

지난밤도 언니가 보고 싶다고 울었다. 나이가 36세인데 아기처럼 크게 울어서 울음소리가 집 밖으로 나갈까 봐 달래느라 힘이 들었다. 혈육보다 더 살가운 정은 살아온 시간만큼이나 깊다.

여운이가 "언니 보고 싶어요!" 보챌 때마다 나리도 따라서 운다. 예란과 민아는 눈만 깜빡이며 물끄러미 바라본다. 안구 안에 눈물이 가득 고여 있다.

여운은 때때로 고집은 세지만 우리 식구들을 즐겁게 해준다. 자신이 하고 싶은 일에 몰두하는 여운은 동생들을 모아놓고 춤을 추며 "오빠는 강남 스타일" 리사이틀도 곧잘 한다. 예쁜 옷을 입고 싶어 하지만 체중은 점점 불어난다. 다이어트에 좋다는 감잎차와 우엉을 볶아 달인 물을 먹어도 별 효험이 없다. 문제는 잘 움직이지 않는다는 것이다.

오늘 저녁 반찬으로 나온 돼지고기볶음을 여운은 자기 몫을 먹고 한 접시를 더 먹었다. 항상 '딱 오늘 하루만' 더 먹겠다고 떼를 쓰는 여운을 나는 이기지 못했다.

오늘은 평소와 달리 종일 언니 언제 오느냐고 보챈다. 언니 보고 싶다고 소리 내어 울기도 한다. 다 큰 아가씨가 운다고 나무

랐더니 "보고 싶은 걸 어떡해요. 보고 싶어 죽겠어요" 하고 한참 동안 아기처럼 울음을 그치지 않는다.

말을 잘 하는 여운은 어쩌다 옷에 실수를 했어도 절대로 자신이 잘못한 게 아니라고 한다. 그건 똥꼬가 잘못한 거라고 우긴다.

민아의 지도

2014년 9월 10일

지난밤 서른 살 민아가 또 실수를 했다. 며칠 동안 계속 이불 빨래를 하게 되었다. 이불 빨래는 하루에 네 개가 보통이다. 민아가 깐 매트 요와 이불 그리고 옆으로 흘러간 오줌줄기는 지도를 만든다. 매번 새로운 지도를 그리는 민아의 솜씨는 다채롭다. 늘 활짝 웃던 꽃무늬 이불이 오늘은 얼굴을 찡그린다.

식구들이 샤워하고 벗어 놓은 옷더미와 젖은 이불 등으로 세탁기도 몸살을 앓는지 덜컹거린다. 연일 아파트 앞 철책 위에 너덜거리는 빨래를 너는 것도 몹시 민망스럽다. 혹여 주민들의 입에 오르내릴까 봐 가슴 졸여진다. 민아는 저녁에 수박을 먹는 날에는 영락없이 실례를 한다. 요즘은 잠자기 전에 소변을 누이고 아침 일찍 깨워서 화장실을 보내곤 하는데 자주 실수를 한다.

민아는 근래 와서 이상한 버릇이 생겼다. 자신의 머리카락을 손으로 뽑는다. 머리의 왼쪽과 꼭대기가 듬성듬성하여 하얀 살갗이 드러난다. 결코 탈모는 아니다. 머리카락이 뽑힌 자리에서 잔머리가 솟아오른다. 생각 끝에 야구 모자를 거꾸로 씌워 주고 손에는 예쁜 인형을 들게 하였다.

아이들은 늘 중복 장애를 안고 있다. 오히려 문제가 없이 조용할 때가 더 문제가 따른다. 생리적인 현상, 심리적인 불안감은 항상 따라 다니기 때문에 '왜 그럴까'란 고민에서 오래 머물지 않는다. 뭔가 이상한 행동이 나타나지 않으면 그 빈자리에 새로운 행동의 변화가 들어오기 때문이다. 그때마다의 문제가 답이 되는 것이다.

민아에게 오줌 싸면 안 된다고 거듭 다그친다. 그리고 불안하지 않도록 "민아야, 사랑해" 하며 꼬옥 껴안아 주고 잠을 재운다. 민아는 머리가 긴 인형을 하루 종일 들고 놀다가 잠을 잘 때에도 안고 잔다. 민아가 깊은 잠에 빠졌을 때 그의 손에서 빠져 나온 인형은 큰 눈을 깜빡이며 밤새도록 민아를 지켜보고 있다.

이슬 내린 아침

2014년 9월 26일

이슬에 젖은 아침이 눈을 뜬다. 어둠의 터널에서 벗어나 말끔히 세수를 하고 아이들을 기다리고 있다. 아이들은 눈뜨자마자 세수를 하는 둥 마는 둥 먼저 식당으로 달려간다. 땅을 쿵쿵 밟아도 누구도 말하지 않는다. 잔디가 포롬하게 웃으며 발등을 간질러 준다.

모두들 아침 반찬은 무엇인지 제일 궁금하다. 메뉴에는 한별이가 특히 좋아하는 제육볶음이 들어 있다. 늘 다이어트를 한다고 하면서도 고기만 보면 너무 행복해 한다. 한별이에게 이 세상에서 제일 좋은 것이 무엇인지 물어보면 아마도 먹는 것이라고 말할 것 같다.

식당에 도란도란 둘러앉아서 "날마다 우리에게 양식을 주시는 은혜로우신 하나님 참 감사합니다."하고 식사기도를 마친 후 아침을 먹는다. 들깨가루가 뿌려진 고소한 배춧국을 먹으며 모두들 얼굴이 발그레하다. 나민이가 벌떡 일어나 언제나처럼 난이의 고기를 한움큼 덥썩 집어간다. 흐트러진 반찬이 상 위에 너절하다.

한별은 제일 먼저 그릇을 비워도 자리에서 일어나지 않는다. 엉덩이가 무거워서 그런 것만은 아닌 것 같다.

마음 좋은 햇살은 문지방에 서서 아침밥을 먹고 나오는 우리 아이들 이마를 골고루 어루만져 준다. 파서리 이장댁 확성기에서 낼 모레 경로잔치가 있다고 방송을 한다. 수레바퀴에 감기는 햇살을 밟고 덜컹거리는 소달구지가 해돋는집 앞을 지나간다.

경남 밀양시 하남읍
파서리의 아침이 서둘러 눈을 뜨면
키 작은 나팔꽃이 줄 타고 오르는 베이지색 벽돌집
녹슨 확성기에서 쏟아지는 메시지가
집집마다 골고루 햇살을 나누어 준다
병풍처럼 둘러친 산자락에서
갓 태어난 태양이 이마를 쳐들고
누워 있던 산그늘을 저만치 돌려 세운다

풀잎에 매달린 싱그러운 이슬은
풋감 떨어지는 소리에 잠을 깬다

살진 나뭇잎들 홍조를 띠어
웃음 헤픈 밤송이들의 입을 벌리고
떼까치가 넓은 뜨락을 맴돌며 지저귄다
설익은 벼포기들이 여린 가슴을 설레자
연못 개구리밥은 꿈을 떨치고
쓰르라미가 목청 돋워 열창을 한다

늙은 경운기 푸들거리는 비포장도로
질경이 쐐기풀 노란 어깨 부추길 때
목이 긴 해오라기 눈이 부시다
수레바퀴살에 감기는 햇살을 밟고
먼지 이는 소달구지의 발길 사이로
어린 낮달이 해종일 걸어온다

- 졸시 「해돋는집 1」 전문

나도 집으로 가고 싶다

2014년 9월 27일

베데스다 그룹홈 소속인 여운이가 집에 다녀온 후부터 복남이도 집에 가고 싶어한다. 어머니 아버지가 일찍 돌아가시고 할머니 밑에서 자란 복남에게는 집이 없다. 그리고 오라고 하는 사람도 없다. 가끔 큰언니가 한 번씩 데리고 갈 때가 있다. 그래서 갈 곳은 오로지 큰언니 집이다. 복남이는 언니네 집에 가고 싶지만 큰언니가 일하러 다니기 때문에 자주 데려갈 수 없다. 집에 혼자 두고 나가게 되면 아무래도 맘이 놓이지 않아서 그런 것 같다. 아이들은 호기심이 많아서 가스렌지 위에 물도 끓이고 달걀도 삶아 먹고 싶어한다. 얌전해 보여도 언제 실수를 하게 될지 모르는 일이다.

지난 추석날, 몇몇 아이들이 집으로 간 후, 복남이는 조용히 창밖을 내다보며 누군가를 하염없이 기다리고 있었다. 휑 들어간 푸른 눈자위가 참 서글퍼 보였다. 복남이가 베데스다의집에 와서 지낸 지 벌써 25년이 넘었다. 식구들 중에 제일 나이가 많은 그녀는 동생들을 잘 돌봐준다. 콩나물 다듬기도 잘 하고 특히 현국이를 아들처럼 잘 챙겨준다. 기저귀도 갈아주고 밥도 정성스럽게 떠먹여 준다. 그런데 한글은 아무리 가르쳐도 아직 자신의 이름 석 자도 쓰지 못한다. 그 대신 색칠공부는 아주 세심하게 잘 하는 편이다. 스케치북에 얼굴을 크게 그리고 소나무 같은 눈썹을 그려 넣은 후 꼼꼼하게 색칠을 한다. 그녀는 매일 어디론가 떠날 사람처럼 믹스 커피 몇 개와 머리핀 그리고 별로 쓸모없는 잡동사니들을 손수건에 꽁꽁 묶어 둔다. 누가 가져갈세라 잠을 잘 때에도 머리맡에 얹어둔다. 전화 벨소리에도 유심히 귀를 기울이는 복남이는 오늘도 언니가 불러 주기만을 애타게 기다린다.

지난 여름, 복남이는 가슴에 달린 혹을 떼어 냈다. 암인 줄 알고 많이 기도했는데, 덕분에 나아서 아직 탈 없이 지내고 있다. 나이는 마흔 여섯이지만 요즘따라 말도 혀가 짧은 듯이 하고 더 어려지는 것 같다.

그리움도 병이다. 사람이 그리운 것은 만남을 통해서 치유가 가능하다. 어딘가 갈 곳이 있다는 것은 행복한 일이다. 그것은 처진 어깨에 힘을 실어 준다. 누군가 보고 싶을 땐 보고 싶은 얼굴을 보아야 한다. 가끔 자장면이 먹고 싶을 땐 중국집에서 시켜 먹고 놀고 싶을 땐 운동장에 나가서 실컷 뛰놀게 하고 싶은 마음이 간절하다. 그것은 살아가면서 힘든 것이 아니다. 그 작은 것들이 실현될 때 우리로 하여금 희열을 느끼게 한다.

지금 거실에서 복남이는 또 손수건을 풀어서 언니에게 줄 머리핀을 만지작거린다. 반짝거리는 머리핀을 받고 기뻐할 언니를 떠올리며 환하게 미소를 짓고 있다. 티브이 속에서 개그맨이 아무도 봐 주지 않는데 저 혼자 깔깔거린다. 복남이는 내일 언니가 꼭 데리러 올 것이라고 기대한다.

등산 이야기

2014년 10월 2일

요즘 양산 덕계에서 살고 있는 예은의집 식구들은 매일 뒷산에 오른다. 아침을 먹고 나면 물통과 베낭을 챙겨 메고 신 복지사의 팔을 당긴다. 밖으로 나가자는 것이다. 밀양센터에 통합교육을 가는 주말을 제외하고 매일 산에 오른다.

예은의집 식구들은 건강이 많이 좋아졌다. 준영이와 종진이의 불룩 나온 뱃살도 들어가고 균형 잡힌 몸으로 변해간다. 산에 오르면 푸른 나뭇가지에서 새들이 지저귀고 공기도 맑아 기분이 좋아진다. 집 밖으로 나가는 식구들은 그룹홈 안에 있는 것이 갑갑한 것 같다. 체육 프로그램으로 시작한 뒷동산 오르기는 예은의집 식구들에게 참 좋은 운동이 된 것이다.

지난주에는 천성산에 올랐다. 정상까지 오르고 난 후로는 마을 뒷산은 식은 죽 먹기가 되었다.

천성산 2호봉은 855미터이고 1호봉은 922미터이다. 생각지도 못한 2호봉을 오른 후 다시 용기를 내어 1호봉도 드디어 정상까지 오르게 되었다. 비장애인들도 잘 할 수 없는 일을 아이들이 해 내었다. 참으로 장하다.

처음 뒷산에 올랐을 때 아이들은 걷지 않으려고 게으름을 피우며 땅바닥에 주저앉곤 했다. 흙바닥에 퍼질러 앉아 있고 손으로 흙을 파서 장난을 하기도 하고 남의 텃밭의 경계 표시인 막대기를 뽑아 버리기도 했다. 빨리 가자고 재촉해도 멈추어 서서 꼼짝 않고 움직일 줄 몰랐다.

수범, 종진, 영훈, 준영 그리고 명희와 석원이가 줄을 지어 걸어가면 사람들은 빤히 쳐다보았다. 모두들 지적장애인들로서 말은 못하지만 1미터 70이 넘는 키와 몸집에 얼굴도 아주 잘 생겼다. 마치 씨름선수들 같다. 기우뚱거리며 걷다가 히죽히죽 웃기도 했다. 어떤 때는 큰 소리를 지르기도 하고 서로 밀치고 야단법석을 떨었다. 소변이 마려우면 아무데서나 옷을 내려 오줌을 누고 옷에 응가라도 할 경우는 황당할 때가 한두 번이 아니었다. 그래서 가방 속에 항상 물티슈와 휴지 그리고 여벌옷을 챙기는 것은 필수다.

이제는 얼마나 잘 걷는지 모른다. 오히려 아이들이 앞장서서 걸어가 뒤를 돌아보며 빨리 오라고 손짓을 하며 다그친다. 점점 활발해지는 예은의집 식구들을 보면서 교육의 보람을 느끼게 된다. 결실의 열매는 반복을 통해서 만들어진다.

농부가 황무지를 개간하여 씨를 뿌리고 거름으로 온갖 정성을 쏟았는데, 아무 싹이 보이지 않으면 실망이 클 것이다. 그럼에도 하나의 결실을 보기 위해 수고를 거듭하여도 아무런 반응이 나타나지 않으면 크게 절망할 것이다.

예은의집 아이들에게 쏟았던 시간들은 그냥 스치고 지나간 것이 아니었다. 여기까지 오기에는 올해로 28년이라는 세월이 지나고 있다. 강산이 두 번 바뀌고 세 번의 변화를 앞두고 있다.

흘러온 시간을 뒤돌아보면 참으로 아득하다. 인간의 힘은 한계가 있다. 그러나 옛사람 양사언의 "태산이 높다하되 하늘 아래 뫼이로다/ 오르고 또 오르면 못 오를 리 없"다는 시조처럼 노력하면 안 될 것이 없다.

특별히 아이들은 눈동자처럼 보살피시는 하나님이 늘 함께 하시기 때문이다.

술래잡기

2014년 10월 20일

가을이 성큼 다가왔다. 아침저녁으로 시원한 바람이 불어오고 푸른 나무들은 이제 예쁜 옷을 갈아입을 준비를 하고 있다.

점심을 먹은 다음 아이들과 함께 그늘이 드리운 잔디밭에서 수건놀이를 한다. 아이들을 빙 둘러 앉게 한 후 함께 노래를 부르는 동안 술래가 누군가의 등 뒤에 수건을 살짝 내려놓게 한다. 노래를 부르면서 자신의 등 뒤에 수건이 있는지 확인을 해 봐야 한다. 빨리 확인을 하게 되면 그 수건을 들고 일어나 술래가 오기 전에 다시 다른 사람 뒤에 수건을 놓고 달아난다. 술래는 집을 찾기 위해 계속 같은 행동으로 수건을 돌린다. 아이들은 잘 할 줄 모르기 때문에 선생님들이 아이들 사이에 앉아서 챙겨 준다.

찬이가 별이 등 뒤에 수건을 두고 한 바퀴를 돌아와도 아무 영문을 모르는 그녀는 그냥 웃으며 박수만 치고 있다. 술래가 된 별이는 동그랗게 앉은 친구들 앞으로 나와서 앉아 있다. 나중에 어떤 벌칙이 정해지면 그대로 해야 벌점을 면하게 된다.

또 다른 친구들도 차례대로 불려 나온다. 앉아 있던 아이들 모두 술래가 되어 나오자 놀러갔던 햇볕이 더위를 식히려 그늘 속으로 들어온다.

앞으로 불리어 나온 아이들이 벌칙으로 율동을 한다. 그 동안 배운 것 중에서 쉬운 <아름다운 마음들이 모여서>를 노래하면서 팔을 휘젓는다. 나무처럼 손을 높이 들고 율동을 하며 모두들 깔깔댄다. 별이는 몸은 뚱뚱해도 율동하는 걸 너무 좋아한다. 서툴지만 현숙이도 아주 좋아한다.

아이들이 팔을 흔드는 사이로 가을은 점점 발갛게 익어간다. 즐거운 한나절, 메뚜기도 쐐기풀 속에서 뛰어 다니고, 고추잠자리는 허공에서 비행을 한다.

창문을 열면
들판은 온통 초립동이의 춤판이다
초록 바짓가랑이를 나풀대며
휘젓는 풀꽃 적삼이
개울 건너 둑길을 지나간다
산등성이 넓은 가슴팍을 기어오르는

푸른 융단은 지천으로 팔을 벌린다
그윽한 사마귀떼들 촉수를 세워
저 대양주의 블루마운틴으로
완만한 허리를 천연스레 펄럭인다
하남벌로 펼치는 풀물
머리 숙인 대숲을 적시고
출렁거리는 는개가
마을 어귀에서 살풀이를 벌인다
비취빛 동공의 전령사들이
허공에서 쏘아 올리는 햇살도 온통 초록이다
풀잎들은 은은히 녹우당으로 저물어
젖은 언덕에 뿜어내는 땅이
가슴 켜켜이 선연한 강물의 길을 연다

- 졸시「해돋는집 6」전문

뷰티풀 나눔 콘서트(beautiful Mind Musicians)

2014년 11월 13일

저녁 7시에 대연교회에서 뷰티풀 나눔 콘서트(beautiful Mind Musicians)를 열었다. 원래는 금정문화회관에서 6월에 개최하기로 했다. 이번 세월호 사건 때문에 미루어져 콘서트 장소는 대연동 지하철역 앞에 있는 대연성결교회로 바뀌었다.

출연진들은 장애인들을 돕기 위하여 자신의 재능을 기부를 해주는 서울의 음악교수들이다. 예술계에서 각광을 받는 음악가들은 피아니스트 김지성, 바이올리니스트 조인상, 첼리스트 배일환, 소프라노 오덕선, 바리톤 이남현, 플루티스트 조선랑, 피아니스트 김경민, 해금 강혜원 등이다.

별이 빛나는 가을밤의 격조 높은 음악회는 아름다운 서정의 향기로 가을을 풍요롭게 했다.

무엇보다 장애인 친구들과 함께 사랑을 나누며 그들에게 커다란 기쁨을 주었다. 자신에게 주어진 달란트를 아무 대가 없이 소외되고 그늘진 곳에 있는 사람들과 나누는 음악가들의 사랑은 까만 하늘에 촘촘히 박힌 별처럼 눈부셨다.

그 중 휠체어를 타고 나온 척추 지체장애인 이남현 성악가와 뇌병변 장애인 피아니스트 김경민 교수는 참석한 모든 사람들에게 큰 감명을 주었다. 특히 장애인 친구들에게 큰 자극을 주었을 것이다. 훌륭한 두 분을 닮고 싶어 하는 장애인 친구들이 많았으면 좋겠다. 장애를 딛고 일어서서 오늘 훌륭한 모습으로 우뚝 선 두 분은 다른 음악가들보다 박수를 더 많이 받았다.

자신의 가진 것을 더 채우고자 애쓰는 세상에서 오늘 보여준 나눔 콘서트는 장애인과 비장애인에게 큰 희망을 주었다.

음악회에 참석하기 위하여 우리 아이들을 비롯한 부산의 동래선아원 식구들과 다른 재활원의 많은 장애인들이 모였다. 음악회에 오신 분들을 위하여 대연교회의 베데스다 봉사팀 집사님들이 저녁식사를 준비해 주셨다. 소고기양념고기와 찹쌀떡이 너무 맛있었다. 석원, 영훈, 한별은 식탐을 자제하지 못하고 두 쟁반씩이나 말끔히 비워 내었다.

뷰티풀 나눔 콘스트를 위하여 도움을 주신 서울 G.M 글로벌 재단과 장소를 제공해 주신 대연교회 임석웅 목사님 그리고 아침부터 차량과 주방봉사 등으로 이름 없이 수고해 주신 집사님들께 깊은 감사를 드린다.

시간이 많이 지나서 베데스다의집 식구들이 그동안 연습해 온 노래와 수화실력을 보여 드리지 못한 것이 아쉬웠다.

사랑하는 것은 더불어 살아가는 것이다. 내 작은 손으로 그대언 손을 녹일 수 있는 것은 더 큰 기쁨이며 아름다운 소멸이다.

희망대학교 학생들

2015년 3월 2일

부산교도소 방문을 가기 위하여 재소자들에게 줄 간식을 사 가지고 김용원 목사님이 교도소로 발걸음을 향한다. 오늘도 새롭게 거듭나기를 꿈꾸는 그들을 생각하니 지난 시간이 보람있게 생각된다. 김 목사님은 포기와 절망 가운데 있는 재소자들에게 꿈을 심어주기 위하여 푸른 제복을 입은 희망대학교 학생들이라고 부른다.

김 목사님이 교육을 맡은 교도소의 장애인들은 어쩌다 생각을 잘못하여 수감된 사람들이다. 벌써 장애인재소자들을 교육한 지 30여 년이 되었다. 해마다 봄이 오면 교도소 장애인들이 새롭게 출발하는 기분으로 교육을 시작했고, 가을이 오면 구원의 열매가 얼마나 맺었을까 고민했다. 그리고 겨울이 오면 또 다시 푸른 제복을 입은 그들에게 무엇을 가르치고 교육해야 할까 염려해왔다.

교육을 하러 갈 때마다 여러 분류의 재소자들을 만났다. 새로 들어온 재소자들이 있고, 사회의 한 일원으로 나가는 희망대학생들이 있는가 하면 10년 20년을 만나는 재소자 장애인들이 있다. 한 순간의 잘못으로 이곳에 들어와 자유 아닌 생활을 하고 있다. 어떻게 하면 이들에게 그리스도의 복음을 전할까 교도소에 갈 때마다 김 목사님은 기도했다.

2012년부터 교육반에 고령자(65세)들이 함께 예배를 드리면서 새롭게 변화되기를 기도하고 있다. 180여 명이 모여서 예배를 드리고, 찬양하고 간증도 듣고 때로는 특별음악회도 열면서 사랑의 간식 등을 준비하여 섬김을 나누고 있다.

2013년 4월 18일부터는 밀양구치소에 있는 재소자 장애인 및 고령자를 위한 교육이 시작되었다. 부산교도소만 해도 매번 갈 때마다 간식과 봉사자들이 없어서 어렵게 달려왔다. 이제 좀 더 부담이 늘게 되었다. 밀양구치소에 있는 재소자 장애인 및 고령자들을 위한 교육의 제안을 받고 거절할 수 없었기 때문이었다. 힘이 들지만 하나님께서 이 일을 기뻐하시기 때문에 틀림없이 함께 해 주실 줄 믿는다.

베데스다선교의 목표는 꿈이 있는 사람, 희망이 있는 사람, 행복을 꿈꾸는 사람으로 가꾸어 나아가는 것이다. 장애인 재소자들이 꿈을 가지고 희망을 바라보며 행복을 찾아가는 것이 베데스다의 교육 이념이요 기도의 제목이다. 항상 장애인 재소자들이 하루바삐 새롭게 마음을 가다듬고 새 출발하기를 소망한다.

푸른 제복은 희망을 뜻한다. 희망을 품고 살면 언젠가는 그 꿈이 이뤄질 줄 믿는다.

"할 수 있다고 믿는 자에게는 능히 하지 못할 일이 없다"고 신약성서 마가복음은 말하고 있다.

인디언들은 어떤 말을 1만 번 이상 입에 올리면 그 일이 무조건 이뤄진다고 믿는다고 한다. 어떤 불가능한 일도 "나는 할 수

있어!"라고 1만 번 이상 외치면 이루어진다는 것이다. 긍정적인 생각은 긍정적인 결과를 부르고 부정적인 생각은 부정적인 결과를 부른다. 마음먹기에 따라서 결과가 달라진다.

화창한 봄날 푸른 제복을 입은 희망대학교 대학생들이 모두 졸업하는 날을 고대한다. 그날이 오면 교도소 뜨락에 바짝 엎드린 민들레가 마음껏 활짝 웃을 것이다.

닭볶음 요리

2015년 5월 10일

봉사활동을 하기 위해서 부산대연성결교회 중·고등부에서 밀양 해돋는교회에 왔다. 봉사활동은 아이들에게 밥 떠먹여주기, 기저귀 갈아주기, 함께 놀아주기, 그리고 주변 청소를 하는 일 등이다.

봉사활동팀이 아이들과 함께 예배를 드리는 동안 대연교회에서 1부 예배를 드리고 온 집사님들은 점심을 준비한다. 손질한 닭고기 살을 볶고 뼈는 마늘과 대추, 오가피나무와 양파를 넣어 푹 삶는다. 닭 삶는 냄새가 예배당까지 날아와 아이들을 연신 코를 실룩거린다.

예배 후 영양 많고 시원한 닭고기 국물과 닭볶음을 모두 아주 맛있게 잘 먹는다. 예전에 먹어본 춘천닭갈비와는 비교가 안 된다. 2주 전에 텃밭에 심었던 상추를 한움큼 뜯어와 고기와 곁들여 먹으니 한결 더 맛이 난다.

석원이는 매운 것을 좋아해서 입술을 후~후 불면서 빈 그릇을 또 내민다. 더 달라는 것이다. 영훈이와 준수도 따라한다. 말은 잃었지만 워~워 하는 소리만 들어도 무슨 뜻인지 알 수 있다. 손짓도 효과 있는 말이다. 말보다 더 빨리 전달된다.

매달 먼 길까지 와서 아이들을 섬기는 대연교회의 봉사팀들에 대한 고마움을 금치 못한다. 함께 한다는 것은 처진 어깨에 힘을 실어준다.

점심을 먹은 후 풀밭에서 공놀이를 한다. 공이 허공을 치솟을 때마다 아이들의 꿈도 한 뼘씩 솟구쳐 오른다. 머리가 하늘에 닿을 때까지 숨을 몰아쉰다.

후라이팬에 기름을 두르고
신명나게 감자를 볶는다
경건한 아침이
또다른 싱그러운 하루를 몰고 와서
해맑은 면실유를 머금고
찬란한 아이스쇼를 벌인다
불판 위에 견고한 열매의 분신들은
어설픈 본성을 다독여
지글거리는 기름의 함성을 들이키며
끈끈한 살점들을 익힌다
못내 흐트러지는 불협화음으로
다단한 생의 불안을 걷어낸다
햇살 한 타래 퍼지는 창가,
식탁을 비워내는 희망의 접시들은
선의의 눈빛으로 미각을 펴올린다
이윽고 다정한 식구들의
볼륨 높은 목소리가 익어가고

벗은 감성들의 알몸에

한 겹씩 스마트한 의상이 덧입혀지면

입 안 가득 솟구치는 식욕이

전신을 데우며 부풀어 오른다

- 졸시「감자를 볶으며 1」전문

구멍 뚫린 지붕

2015년 6월 13일

이른 아침에 비가 왔다. 아이들이 자는 방 천장에서 빗물이 떨어진다. 뚝 뚝 떨어지는 빗물이 널브러진 이불을 적신다. 부엌에서 아침을 준비하고 있는데, 은희가 달려와 천장에서 물이 떨어진다고 야단법석이다.

지난 여름 밀양 해돋는집과 해돋는복지센터를 리모델링했다. 이제는 집이 낡고 오래되어 아무리 손을 보아도 해마다 비가 샐 지경이다.

비는 오전에 조금 내렸다. 큰 비도 아닌데 그릇을 받쳐야 할 정도다.

부엌에서 크고 작은 대야와 들통 그리고 밥통 등을 동원하여 빗물이 떨어지는 곳마다 받쳐 놓았다. 빗물은 마치 피아노 건반을 울리는 것처럼 신명나게 떨어진다. 비의 걸음에 따라 속도가 빨라졌다 느려졌다 한다.

크고 작은 그릇들이 나란히 줄을 서서 빗물을 받고 있다. 떨어지는 빗방울 소리가 재밌는지 준이는 빗물을 받고 있는 대야를 가로채어 손바닥으로 물을 받는다. 빗물이 손바닥에서 튕겨 나가 대야를 폭격한다. 사방으로 튕겨나간 빗물은 티브이와 장롱까지 침범한다.

석이는 물장난이 신나는지 젖은 손으로 박수를 치며 좋아한다. 방바닥에 온통 물이 흥건하게 고이고 아이들은 두 발로 물결을 거슬러 오른다. 마른걸레로 훔쳐내도 일이 끝이 없다.

범이는 가득 찬 물통을 비우러 가다가 출렁거리는 물을 반은 쏟는다. 원이는 대야에 받친 물을 발로 차 버리고, 천방지축 민이는 바지를 내리고 들통에 오줌을 눈다. 해돋는집 방안은 바야흐로 그들의 오락장이다.

아침을 먹으려고 달려오는 아이들 바짓가랑이가 흠뻑 젖어 있다. 끈이 나풀거리는 운동화도 흥건히 젖어 있다. 이불이며 옷들이 젖어서 세탁기에 들어가 거듭나고자 한다.

곧 장마가 온다고 하는데, 날이 개면 지붕을 전면적으로 수리

할 생각이다.

찢어진 우산 속에 스며든 맑은 눈동자
내 흐린 눈 밝혀
지친 길 함께 가자고 한다

귀엣말 속삭이지 않아도
말보다 크게 젖어드는 숨소리
얇은 옷 속을 파고든다
얼음처럼 차가운 음성
꺼지지 않는 불꽃 되어
마른 들판을 적신다
쓰러진 나무들 어깨를 일으켜 세우고
잔가지 수다스런 이파리를 매단다

햇살 잘 달구어진 세상 속으로
빗방울이 뛰어다니면
여린 별 돋아나는 발바닥 닿는 곳마다
온갖 꽃들이 저마다 피어난다
달개비꽃 타는 냄새가 퍼져갈 동안
빗방울은 모여서 개울을 맨다

길밖에 떨어진 빗줄기는 땅바닥에 엎드린다
풀섶의 체온 속으로 스며들어
긴 허리를 구겨 넣는다
부르던 노래는 언제나 한 옥타브 낮아지고
서러운 것들끼리 몸을 섞는다
밀려난 것들은 서로 얼굴을 맞대고
구름처럼 흘러서 바다에 닿는다

- 졸시「빗방울 2」전문

황예행 선교사님 기념예배

2015년 6월 27일

서울 신촌성결교회 성봉채플관에서 황예행 선교사님의 기념예배를 드렸다. 황 선교사님은 2014년 12월 17일 미국 LA에서 하나님의 부르심을 받고 소천 하셨다. 한국에서 많은 분들이 먼 곳이라 참석하지 못하고 슬퍼하며 안타까움을 안으로 달랬다. 늦었지만 다행스럽게도 가족들이 한국에 직접 나와서 황 선교사님의 기념예배를 마련해 주셨다. 덕분에 황 선교사님 생전에 하나님 나라를 위한 선교의 업적을 다시 한 번 되돌아보게 되었다.

김용원 목사님을 비롯한 부산베데스다장애인선교회 전 직원이 황예행 선교사님 추모예배에 참석하기 위하여 아침 일찍 봉고를 타고 신촌성결교회로 갔다.

채플관에는 감미로운 음악이 유유히 흐르고 있었다. 기념예배는 찰스 김 목사님 사회로 찬양에서 시작하여 말씀으로 예배의 꽃을 피웠다. 특별히 유석성 서울신학대학 총장님 기도와 신촌 성결교회 이정익 목사님의 말씀과 최건호 목사님의 축도로 이어졌다. 예배순서 사이마다 성악가의 찬양과 성우들의 말씀낭송이 은혜를 더해 주었다.

황예행 선교사님의 기념예배를 통하여 선교사님의 업적을 회고하게 되었다. 멕시코 선교활동의 영상과 황예행 선교사님의 간증문 『순종은 축복의 열쇠』를 보면서 선교사님의 크신 뜻 받들어 선교의 열정과 주님 사랑하는 마음을 더 갖게 되었다.

황예행 선교사님은 1936년 4월 20일 경기도 포천에서 태어나, 오늘날의 세종대학 전신인 수도여자사범대학 국문과를 졸업하셨다. 1961년 황예식 목사님과 결혼하여 충무, 일산, 동부교회를 섬기시다 남편 목사님과 함께 크리스마스를 사흘 앞둔 1982년 12월 22에 미국으로 건너가셨다. 1983년 4월 5일 워싱톤 성결교회 부임을 앞두고 갑자기 황예식 목사님께서 소천하셨다. 황 선교사님은 너무도 절망할 수밖에 없는 상황에서 하나님의 위로로 힘을 얻으셨다. 그리고 가냘픈 여자의 몸으로 멕시코 사람들에게 생필품을 판매 하시면서 그들과 사귐을 갖고 복음을 전하기 위하여 멕시코 선교사가 되셨다.

멕시코에서 40여 개의 교회를 세우고, 출감자 숙소와 선교센터와 신학교를 건립했다. 그 누구도 감히 할 수 없는 엄청난 일은 했음에도 "선교는 하나님이 하십니다. 저는 심부름꾼입니다."하며 겸손하게 고백하셨다.

대부분의 멕시코 사람들은 가난했다. 그래서 황 선교사님은 늘 필요한 것들을 챙겨 주시면서 복음을 전해야 하는 특별한 선교를 하셨다. 자나깨나 멕시코의 가난한 사람들을 생각했고, 어떻게 하든지 헐벗고, 소외되고, 갇힌 자들에게 그리스도의 사랑으로 필요한 것을 나누어주고 싶어하셨다.

하나님께서 원하시는 순종의 축복으로 두 아들 중 첫째 아드님은 멕시코의 선교사로, 둘째 아드님(Bill Hwang)은 뉴욕 월가에서 제일 손꼽는 투자 회사의 실업가로 자리 잡았다. 둘째이신 황성국 장로님은 형님의 선교와 어머니가 사랑하는 멕시코 선교를 열정적인 신앙심으로 후원했으며, 지금도 세계의 선교와 어려운 이웃을 위하여 사랑을 몸소 실천하고 있다. 그리고 월가에서 얻은 수익을 토대로 2008년 한국에 'GRACE & MERCY' 재단을 설립하고 폭넓게 사회정의와 긍휼을 실현하고 있다.

황 선교사님께서 평소 좋아하시던 <하나님의 나팔 소리> 찬양이 온 사방에 울려 퍼지면서 성우 두 분께서 하나님 말씀을 은혜롭게 낭송해 주셨다. 황예행 선교사님의 멕시코 선교의 사역을 영상으로 보면서 많은 분들이 은혜를 받고 감동의 눈물을 흘렸다. 황예행 선교사님의 기념예배를 드리는 귀한 자리에서 감사하게도 나는 선교사님의 양녀로서 어머니께서 지으셨던 시를 낭송해 드렸다.

여전하여라 삼라만상
그렇지 여전하구말구
산천초목 여전하여라
좋지 않은 것 다 삼키고 여전하여라

여전하여라 산천초목
좋은 것 다 내뿜어주고 여전하여라
예수 십자가 보혈 여전하여라
우리를 살렸네 여전하여라

여전하여라 붙드시네 하늘나라 백성
여전하여라 삼위일체의 능력
하나님의 진리 여전하여라
여전한 것은 여전하여라

- 2000년 8월 이태리 아씨스 성에서 황예행 선교사
「여전하여라」 전문

어머니 황예행 선교사님을 추억하며

2015년 6월 27일

2006년 3월에 황예행 선교사님이 부산 해운대의 장애인그룹홈인 베데스다집에 오셨다. 하나님께서 보내주신 것이다. 당시 부산베데스다선교회는 재정적으로 어려운 상황에 있었다. 선교회를 맡은 김용원 목사는 갈 곳 없는 장애인들과 함께 살아가기 위하여 밀양에 부지를 구입해 놓고 있었다. 후원의 실적은 예상 밖으로 저조했다. 잔금 약속 날짜가 다가오자 김목사는 식음을 전폐하고 기도에 몰두했다.

어느 날 김 목사의 동료인 배재규 목사님 인도로 황예행 선교사님께서 부산 해운대 베데스다의집에 살고 있는 장애인들을 보러 내왕하게 되었다. 그때 베데스다장애인선교회가 처한 어려움을 보시고 여러 난제를 해결해 주셨다. 필설로 형언할 수 없는 사랑으로 나는 황예행 선교사님의 양딸이 되었다. 나의 영적 어머니 황 선교사님은 먼 곳에 계셔도 노심초사 함께 살고 있는 아이들을 걱정하시며 기도해 주셨다.

그런데 크리스마스를 며칠 앞두고 소천하셨다. 믿기지 않은 소식을 듣고 미국으로 달려가 마지막 송별예배를 드리고 돌아왔어도, 살아 계신 듯 눈에 선하다.

I

하늬바람 싱그러운 유월

어머니 당신의 나라에 신록이 푸르렀겠지요

황금비파 곡조 맞춰

기화요초 만발하겠지요

어머니 보내드린 지 어언 여섯 장의
달력이 떨어져 나갔습니다
언제나 곁에 계실 줄 알았던
어머니의 소천
남은 저희들 애틋한 그리움에 떨며
머리 조아립니다
특별히 꽃을 좋아하신 어머니
함께 심은 장미가 검붉게
넝쿨을 타고 오릅니다

II

언제나 헐벗은 자들 함께 살기를
마다하지 않은 나의 영적 어머니
소외되고 그늘진 장애인들의
갈라진 목소리에 귀 기울이신 고귀한 삶에
눈물로 보답할 뿐입니다
늘상 사진찍기 좋아하셔서
함께 한 사진 속에 일그러진 얼굴들과
지금도 살아계신 듯 새롭습니다
방황하는 자들의 집이 되시고
교도소의 출감자와 동성연애자

멕시코에서의 멍든 이들의 별이 되신 어머니
참으로 성실한 하나님의 사역자셨습니다
사탕과 초콜릿으로 가난한 아이들의
눈망울을 달래고
어머니 뜨거운 가슴은
색깔 다른 양말을 갖춰 신고도
멕시코 거리에서 어려운 이 만나
작은 지갑을 열어 덥혔습니다
디오스레 벤디가 외치며 선교 가던 길
타코 대신 멸치든 김밥으로
허기를 채우신 일 잊지 못합니다

III

낯선 땅 밀양에 오셔서
갈 곳 없는 장애인들에게 보금자리 주시고
손수 닭고기 조리하셔
자폐아들 먹이시고
밥 못 넘기는 장애인 위해
물김치 담가 넘기게 하신 어머니
그 아이들이 오열하고 있습니다
목사님 먼저 보낸 홀사모님 위해

성결재단에 획을 그으시고
홀사모님 드릴 옷 두 보따리 나르다
맞은 소나기는 바로 은혜였습니다
머나먼 미국에서 들려오는
전화 속의 어머니 목소리는
'감기 조심해라' 당부하시던 사랑
언제 다시 들을 수 있을까요
선교지에서는 야구모자와
호주머니 많이 달린 바지 입으시고
그 호주머니 가득
아이들의 먹거리 준비 하시던 어머니
존경하고 사랑합니다
짧은 시간 어머니의 딸 된 것을
자랑스러워 합니다
어머니의 선교에 대한 열정
세상 끝 날까지 다 하겠습니다
하늘나라에서 만나 뵐 때까지
언제나 평안하세요.

- 졸시 「어머니 황예행 선교사님을 추억하며」 전문

제주도 캠프

2015년 8월 12일

올해도 부산베데스다선교회 주최로 여름캠프는 시작되었다. 밀양 해돋는복지센터에서 1차 여름 캠프를 마치고, 2차 캠프는 8월 12일부터 14일까지 2박 3일간 제주도로 가게 되었다. 제주도는 지난해 2차 여름캠프 때에도 다녀왔다. 제주도에서 캠프하는 것이 좋다는 의견들이 많아서 올해도 항공료 부담을 안고 가게 된 것이다.

9시 비행기를 타기 위해 새벽 4시부터 아이들을 깨워 목욕을 시키고 간단하게 아침을 먹였다. 그리고 제주도에서의 식사준비에 필요한 식품 재료와 그릇과 기저귀, 여벌옷 등을 챙기느라 더욱 바빴다. 봉고와 승용차를 이용하여 공항에 도착했다.

공항에는 2시간 전에 도착하여 탑승에 대한 수속을 밟아야 했다. 미리 서둘러서 비교적 일찍 오게 되어 대합실에서 넉넉하게 시간을 보내었다. 일행은 아이들에게 기저귀를 새로 갈아 주고 각각 화장실도 다녀왔다.

2014년 장애인제도개선 솔루션의 2차 회의에서 '보행의 어려움으로 휠체어를 이용해 항공기에 탑승하는 경우 탑승교를 이용해 비행기에 탑승하고 있으나, 항공기를 탑승교에 연결할 수 없는 경우에는 휠체어 등을 이용하는 이동약자를 위해 휠체어 승강설비(스텝카) 및 저상버스가 제공되어야 함'이라는 권고 조치에도 불구하고 국내항공사는 장애인보조기구를 이용하는 모든 탑승객들에게 적절한 편의를 제공하지 못하고 있는 점이 아쉬웠다.

공항 활주로 비행기 탑승시 장애인 이동편의 승강 설비가 제

대로 갖춰지지 않아 휠체어에서 내린 아이들을 업어서 탑승 시키면서 많은 불편함을 느꼈다.

비행기에서 내리자 제주도의 푸른 해풍과 맑은 공기가 와락 달려와 반가이 맞아 주었다.

힘들지만 캠프를 통하여 평생 방에서 누워만 있던 현국이와 휠체어를 탄 아저씨 그리고 금아와 현국이가 비행기에 몸을 싣고 푸른 하늘을 날아 볼 수 있는 기회를 갖게 되어 감사와 기쁨이 컸다.

제주도 동야루 콘도에서 묵으며 주방 봉사로 수고해 주시는 대연교회의 집사님들 덕분에 식사 때마다 맛있는 음식을 먹을 수 있어 좋았다. 특히 제주 본토의 흑제주 주물럭과 매운탕, 그리고 제주교회에서 대접해 준 전복탕이 별미였다.

캠프 프로그램대로 제주도에 있는 명소 중 자연사박물관, 민속전시실, 만장굴, 성산일출봉, 제주 해수욕장, 산굼부리 등을 견학하였다.

성산일출봉을 오르다 지민이가 갑자기 간질을 해서 119를 기다리다 못해 업고 내려와 병원으로 내달렸는데, 마침 깨어나서 참으로 다행이었다.

한라산 정상을 향하여 갈 수 있는 데까지 올라가 보자고 장애인을 태운 휠체어를 밀며 땀을 뻘뻘 흘리는 학생 봉사자들의 귀한 정성은 그 땀방울이 진주처럼 빛났다.

캠프를 통하여 장애인들에게 사회의 한 일원으로서 자긍심과 자립심을 심어주기 위하여 자원 봉사자와 더불어 지난 여름 정복하지 못한 정상을 향한 도전을 꿈꾸었다. 김용원 목사님은 올해도 정상까지 가지 못하면 오를 때까지 시도해 보자고 했다.

바람이 불 때마다 캠프의 주제인 <우리도 할 수 있다>는 플랜카드가 온 몸을 흔들며 펄럭였다. 불볕더위 속에서 아이들을 자신의 몸처럼 잘 돌봐 주는 학생 봉사자들이 참 고마웠다.

제주특별자치도민 민속자연사박물관을 관람하면서 정겨운 돌하루방과 인사를 하는 정아와 별이는 봉사자들과 다정하게 손을 잡고 팬지꽃처럼 방긋 미소를 지으며 사진을 찍었다.

점심을 먹은 후 산굼부리에 들렀다. 산에 생긴 구멍(굼)이란 뜻의 제주도 방언인 산굼부리는 전체적으로 큰 대접모양을 하고 있는 분화구이다. 용암 분출로 인해 지하에 생긴 공간으로 지반이 침하하여 형성된 함몰분화구로서 한라산 백록담보다 조금 더 크고 깊은 이곳은 비가 많이 와도 물이 고이지 않고, 분화구 안의 일조량이 달라 난대, 온대성 수목이 공존하는 식물의 보고이기도 하다.

일부에서는 산굼부리를 용암이나 화산재의 분출 없이 폭발이 일어나 그곳에 있던 암석을 날려 그 구멍만이 남게 된 마르(Maar)라고 주장하기도 한다. 그러나 산굼부리는 형태만 마르일 뿐 수증기 폭발과는 전혀 상관없는 함몰분화구이다.

자연식물원 산굼부리 바닥에는 틈이 많아서 물이 모두 스며들기 때문에 분화구 안에는 식물 생태계가 특이하게 분포하고 있다. 햇볕이 잘 드는 북쪽사면은 난대지역을 이뤄서 붉가시나무, 후박나무, 구실잣밤나무, 샌달나무 등 상록활엽수군이 형성되어 있으며, 햇볕이 잘 들지 않는 남쪽 사면에는 상수리나무, 졸참나무, 산딸나무, 단풍나무, 곰솔 등 온대성낙엽수가 군락이 진을 치고 있다.

노루와 오소리 등의 포유류를 비롯해서 조류, 파충류 등 야생동물들의 서식처로도 유명한 자연식물원 산굼부리를 돌아보는 동안 벌써 해가 서쪽으로 기울고 있었다. 제주에는 볼거리가 많아서 조금 더 욕심을 내어 여러 곳을 관람하였다.

숙소로 돌아온 아이들은 다른 날보다 피곤했음에도 저녁밥을 한 그릇씩 단숨에 비웠다. 민아는 두 다리를 쭉 뻗고 봉사자에게 주물러 달라는 손짓을 한다. 밤하늘엔 별들이 아이들을 보려고 다른 날보다 많이 나왔다. 수많은 별들이 팡파레을 울리며 환영회를 열어 주었다. 멀리서 들려오는 시원한 파도소리는 귀를 간지럽혔다.

내 안에서는 언제나 보오얀 봄날이 자라고 있다
시간은 물이 되어 봄여름가을겨울로 흐르고 흘러
떠도는 자들의 발길을 적신다 끝내 부드러운 삶이
머무는 곳, 다시 찾아드는 그늘 앞에서 내 심장의
강물 푸르게 출렁거린다 잎이 되고 또 줄기로 자
라서 우아하게 한 세상 집을 세우는 은은한 물결
소리 흔들어 깨운다 눈부신 빛으로 퍼지고 또 다
감한 사랑으로 피어올라 해설픈 봄날의 슬픔 다독
인다 내가 태어난 한적한 강기슭 벼랑을 의지하여
고개 쳐드는 거센 풍랑이 허리를 뒤흔들 때 나는
비로소 하얀 뿌리를 신앙으로 내건다

- 졸시 「춘란 1」 전문

사랑의 음악회

2015년 12월 23일

사랑의 음악회 및 성탄 축하를 옹기장이 (CCM 찬양팀)와 함께 예동교회에서 드렸다.

장애인들의 겨울나기를 위하여 옹기장이 찬양팀들이 수고해 주었다. 음악회는 연거푸 세 차례를 하였다. 처음에는 부산 온천교회에서, 두 번째는 통영의 태평교회에서, 마지막으로 예동교회에서 공연을 하였다.

옹기장이의 뜨거운 찬양으로 인하여 이곳에 모인 우리 모두의 가슴이 뜨거웠다. 찬양 리더가 모두 일어나라고 하자 기뻐 손뼉을 치며 춤을 추었다.

이틀 후면 예수님이 태어나신 날이다. 모두들 이번 성탄은 화이트 크리스마스였으면 좋겠다고 하였다. 함께 열창으로 "기쁘다 구주 오셨네~!"를 부르며 즐거워하였다.

"메리 크리스마스"의 뜻은 예수 그리스도가 나신 기쁜 날을 말한다. 그런데 근간에 종교색이 강하다는 이유로 기업과 공공기관에서는 더이상 이 말을 쓸 수 없다고 하는 소식이 들려와 마음이 우울해진다. 아마 그들은 예수님이 오신 이유를 잘 모르기 때문인 것 같다. 예수님 때문에 우리 모두 얼마나 행복한지를 알지 못하는 사람들이 안타깝다.

"하늘에는 영광, 땅에는 평화"

크리스마스트리에 매달린 은종과 큰 별이 불빛 따라 반짝인다.

아름다운 음악회에 모인 장애인들과 비장애인들이 예수님의 성탄을 기다리며 기쁨과 소망으로 가득 차 있다.

우리 모두를 위하여 불러 준 옹기장이의 축복송이 어둠 속에서 널리 울려 퍼진다. 따뜻한 사람들에게서 흘러나오는 사랑의 온기가 가슴 가득 파고든다.

이번 겨울은 아무리 추워도 식지 않는 온기로 잘 견딜 수 있을 것 같다.

이마가 푸른 언덕을 지나
깊어가는 겨울이
나무 썰매를 저으며 달린다
눈시울 깜빡이는 청동색 별들은
목동의 시린 손바닥에 후두둑 떨어져 내렸다
턴테이블을 뛰쳐나온 헨델이
메시아를 합창하는 동안
세상은 눈썹 긴 음표를 날리며
허공 깊숙이 징글벨을 퍼나른다
계절풍이 울려 퍼지는 싸늘한 거리
환한 상점 안에서
기나긴 갈색 바코트가 열심히
마가복음서 2장을 낭송하고 있다

- 졸시 「성탄 시편 2」 일부

〈발문〉

슈바이처 박사의 길

하 현 식

(시인, 평론가, 석포교회 장로)

1

『나의 뜨락에는 그늘이 없다』는 표제의 산문집 저자인 신선 시인의 부군 김용원 목사는 먼저 저 중앙아프리카에서 <생명에 대한 경외>를 지표로 인류의 형제애를 실천했던 슈바이처 박사를 떠올리게 된다.

베데스다장애인선교회를 이끌고 있는 김 목사의 배후에서 <빛도 없이 이름도 없이> 거친 사역을 돕고 있는 필자 신선 시인의 잠행은 오늘의 베데스다장애인선교회를 이루는 데 큰 초석이 되었다.

베데스다를 이끄는 김용원 목사는 부친 김태진, 모친 오영춘

사이에서 45세에 만득의 귀한 아들로 태어났다. 제주의 지방공무원이었던 부친은 은퇴 후 선박사업에 뛰어들었다.

사업이 기울자 부친을 따라 경남 통영의 욕지로 이주하여 옥동초등학교와 욕지중학교를 마치고 통영수산전문학교로 유학하여 수산업에 관련하게 되었다. 재학중 SFC라 명명된 기독교학생운동에 열정을 쏟으면서 훗날의 선교활동에 대한 씨앗을 품었다. 통영수전 재학시에는 더욱 적극적으로 SFC활동에 가담했다. 투철한 봉사정신을 가졌던 용환(아명)은 교회에서 학생회장, 청년회장을 거쳤다. 그리고 승선체질에 맞지 않는 수산업을 등지고 서울신학대학에 입학하여 선교의 꿈을 길렀다.

애초에 배구를 비롯한 만능체육인의 자질을 타고 났으나 결국 불행한 사람에 대한 연민을 통하여 봉사자의 길로 나아갔다.

2

2016년은 김용원 목사가 베데스다장애인선교회를 이끌게 된지 30주년이 되는 해이다. 그래서 1996년 20주년 행사의 일환으로 『나의 사랑 나의 어여쁜 아이들』이란 산문집을 발간하여 기념한 일과 같이 30주년에도 산문집을 내어 기념으로 삼게 되었다.

필자는 1990년 동서대 문학아카데미에서 신선 시인과 조우하여 시인의 시집, 산문집의 이면을 어지럽히고 있다.

신선 시인은 1993년 「시와의식」을 통해 문단에 나와 4권의 시집과 2권의 산문집을 펴내는 셈이다. 신 시인은 문학예술면 뿐만 아니라 학문에도 투철하여 인제대학교 대학원에서 문학석사와 또 문학박사의 수위를 앞두고 있다. 그리고 부산시인협회상을 수상했고 현재는 부산 크리스천문인협회회장을 맡아 잘 이끌고 있다.

내조자로서의 신선 사모의 잠행은 시인으로서 또는 학문을 연마하는 사람으로서 타고난 봉사의 일념으로 오늘의 뒷받침이 되고 있는 것을 지울 수 없다.

3

사실상 서울신학대학으로의 진로변경은 김용원 목사의 형극의 길로서 하나님의 예정에 따른 것이었고, 오늘날의 베데스다 장애인선교회의 여명이었다. 혜림원에서 장애인에 대한 각별한 시선이 바탕이 되어 전주성결교회 김복철 목사와의 만남이 이루어졌다. 그것은 베데스다 외의 결연을 실행하는 천우신조의 계기가 되었다. 그리고 통영에서 개척한 한려성결교회 7년과 다시 부임한 임기성결교회에서의 7년의 시간이 더욱 장애인선교에 대한 열정을 불붙였다. 아울러 동래 선아원과 두구동에 있는 쇠뜻집의 봉사가 더 큰 불꽃으로 피웠다.

그러나 그 지난한 길로 들어가는 데는 빈손으로는 불가능했다. 뜻한 바 임기교회에서의 7년간 퇴직금이 장애인선교의 바탕이 되었다. 또한 수정동성결교회 이 장로께서 후원한 성금을 보탰다. 김 목사는 신학대학 시절의 꿈을 실현하기 위해 일반 목회를 피하고 장애인선교목회를 택했다. 장애우들을 수용하기 위해 작은 밑천으로 변두리의 지하건물을 전전했다. 아이들을 직접 업어 날랐고 엘리베이터도 없는 우듬지에서 봉사의 깃발을 세웠다. 구서동의 지하를 벗어나 다시 재송동 비탈길에 장애인들의 보금자리를 옮겼다. 마치 장애인의 거처를 동물원 구경하듯 스치는 시선들도 비일비재했다. 장애인에 대한 인식이 부족한 사회임을 어쩔 수 없었다. 그런 시선마저도 계몽의 빗질로 쓸어내야 하는 이중 고통에 시달리기도 했다. 길은 멀고 길은 거칠기만 했다.

어느 정도 경험을 쌓자 아파트의 홈을 생각했다. 이른바 그룹홈의 시대가 열린 것이다. 아파트는 편리하고 장애인보호에 어려움을 덜 수 있었지만 역시 주변의 인식과 시선이 문제가 되었다. 일종의 차별적 눈길이 장애인선교에 엄청난 걸림돌로 작용했다.

그러한 사회적 통념에 초월해 나가는 힘은 인내와 기도였다.

그러던 중 따가운 눈초리와 편견을 벗어나는 기회가 왔다. 대양교회 우 장로의 호의로 베풀어진 6층 건물의 꼭대기에 장애인의 보금자리를 펴는 일이었다.

6층을 오르내리는 장애인의 고통도 고통이지만 엘리베이터도 없는 고층을 장애인을 안고 오르내리는 성실한 봉사자에게 극복의 한계를 가져다주었다. 하나님이 특별히 내려주신 고통과 초극의 반복을 경험하며 드디어 20주년의 기쁨을 누리게 되었다.

장애인과 함께 살고 더불어 지냄으로써 장애인에 대한 인식이 계몽되고 무엇보다도 지하도 고층도 아닌 마당 있는 집을 갖추게 되었다. 그 지난한 우여곡절을 겪으면서 아이들은 성장하고 바람직한 대로 힐링의 보람을 맛보았다.

마당의 장場은 마침내 해돋는집의 기초가 되는 바로 그 땅이었다. 물론 신선 시인의 산문집『나의 사랑 나의 어여쁜 아이들』도 상당한 몫을 감당했다. 사랑하는 어여쁜 아이들의 삶을 리얼하게 담담한 필치로 그려냄으로써 관계자들을 울렸다. 그리고 관심을 가진 사람들의 가슴을 때렸다. 그 대표적인 예가 머나먼 미국 땅에서 그 책을 읽고 찾아온 멕시코 선교사로 활동한 분이었다. 그 선교사님은 먼 땅을 마련하게 하는데 도움을 주어 해돋는집과 해돋는복지센터가 이룩된 것이다.

그리하여 2006년 하늘사랑채마을(가칭)에서 김용원 목사의 장애인선교 20주년 기념예배가 드려졌다. 장애우들의 신체발육도 그러하지만 교육시스템으로서 인격도야와 하면 된다는 신념이 실현되었다. 일보 나아가서 부경예술대안대학교의 구상이 설계되어 실현되어지는 것은 무엇보다도 비전의 현실화에 기여한 것이다. 궁극적으로 『나의 뜨락에는 그늘이 없다』로 붙여진 산문집에서의 명제는 <나의 뜨락> 즉 30년여 추진해온 장애인선교의 시간인 동시에 공간이기도 한 것이다.

<나>는 김용원 목사와 신선 사모의 공동체적 일인칭 대명사로서 온갖 문학과 신학과 철학의 이론적 공유물이면서 각자의 목회정신과 예술정신이 공감되는 주체인 것이다. <뜨락>은 존재가치에서 예술은 물론이고 신앙적 마당으로서의 의의가 강열하게 드러난다. 특히 <그늘이 없다>는 지론은 이들 부부의 꿈인 동시에 실현된 현실을 가리키는 말이 되기도 한다.

제1산문집의 표제 『나의 사랑 나의 어여쁜 아이들』에서는 선교의 대상으로서의 객체가 중심적으로 드러나지만 『나의 뜨락에는 그늘이 없다』는 메시지가 어디까지나 형극의 길을 걸어온 김용원 목사와 신선 사모의 굳건한 신앙적 의지를 반영하고 있는 것이다. 애초에 <그늘>이 있었기에 <없다>는 강한 메시지를 들고 나옴으로써 곧 하나님의 예정과 인도하심이 장력으로 작용

하고 있다는 강한 신념을 표방하고 있다 할 것이다. 아무리 인간적인 노력이 출중하다 할지라도 하나님의 배려가 없는 사업은 성취불가능하다는 깊은 철학을 내재하고 있다 할 것이다. 여기에는 무엇보다도 김용원 목사와 신선사모의 신앙심이 관건이 되어야 할 것이다. 하나님이 보내신 도우미로서의 여러 지원자들, 그리고 후원자들의 쾌거 역시 신앙적 패턴으로의 해석이 가능하리라 믿어 의심치 않는다.

4

신선 시인의 문장은 담담하고 소박한 맛이 있다. 건조한 듯하면서도 물기가 베인 우유체이다. 기술대상이 장애우이기 때문에 대상을 표현하는 어조가 소담한 분위기를 취하고 있다. 시를 빚어내는 시인으로서의 문체는 대체로 화려체로 장식되는 측면에 비추어볼 때 신선 시인의 산문이 대상과 격조에 맞추어 조정되고 있음을 보게 된다.

일기문학은 일본의 헤이안시대 궁녀들의 여행기나 수필 등으로 현존하고 있으나 남성들이 쓴 것들을 여성이 쓴 것으로 가장된 것들이 많다. 중국 당시대의 일기문학도 여행기로 기록되고 있다. 우리나라에서는 주로 조선시대에 씌어진 일기문학을 예시

할 수 있다. 저 유명한 『난중일기』나 『열하일기』를 들 수 있고 『계축일기』가 특히 궁녀가 쓴 것으로서 후세에 소설과 영화로 많이 활용되고 있다. 『승정원일기』는 특히 왕명 출납 행정 사무 등을 기록한 것으로 일지형식이다.

현대문학에서의 일기문학은 『가람일기』를 위시하여 『김수영일기』 『김현일기』 『이오덕일기』 『전태일일기』 등을 들 수 있다. 그러나 신선시인의 그것처럼 장애인을 대상으로 삼고 있는 일기는 희귀본이라고 말할 수 있다. 서구문학에서는 나치하에서의 공포를 잘 견딘 『안네의일기』는 인구에 회자되는 무서운 작품인 것이다.

신선 시인의 일기문학은 일차적으로 장애우를 돌보는 과정에서 빚어지는 고통과 보람을 토대로 기술되고 있다. 신체장애를 수용하지 못하는 환경의 불협화음을 통해서 극복과 의지의 단계를 주목한다. 한편으로 장애우 특유의 성격형성과 현실에 적응못하는 온갖 불리한 그림이 제재가 된다. 자신의 식사를 원활하게 스스로 해결하지 못한다든가 화장실문화에 자율성이 없다든가 자기 관리에 부적응되고 있는 장애요소와 더불어 이에 상승하는 복지사로서의 주체적 고뇌가 관건이 되는 것이다. 이러한 부적응한 요건들에 대한 불만과 불안이 아니라 고통이 가중될수록 하나님에 대한 은총을 기리는 신앙적 패턴을 간과하지 못하는 것이다. 또한 신선 시인은 해돋는집의 경계를<세상 밖>으로 비유하고 있다. 이를테면 원만한 인간들 사이에서 생존되지 못하는 장애우들의 세계를 그렇게 은유하고 있는 것을 볼 수 있다. 이들은 또한 <들꽃>으로 표현되어 세속에 구애받지 않고 간섭받지 않는 생을 향유하는 시각으로 매겨진다. 비록 버려진 것 같지만 자유롭게 자기 삶을 향유하면서 나름의 아름다움을 구축하는 은혜를 찬미하는 마음으로 장애우들을 상대한다. 그것은 때로 시 속에서 <엉컹퀴>로 발전한다.<없는 듯>이 존재하는 장애우에 대한 사유가 신선 시인의 체험에서 우러난, 오직 느껴 본 자만이 말할 수 있는 깊은 애정을 만나게 되는 것이다.

의식상태가 불분명한 장애우에게 가장 높은 존중의 예를 갖춤으로써 때로는 일종의 해학이 되면서 과계 조성의 지혜로운 향방을 조절해가는 태도에서 무한한 행복감과 동시에 연민을 느끼지 않을 수 없게 된다.

또는 비명에 간 장애우를 향하여 <민들레의 흔적>으로 미화시키는 시인적 멘트가 죽음에 대한 쓸쓸함을 넘어서서 오히려 하나님이 주신 선물로서의 가치적 판단으로 승화시킬 때 결코 테레사 수녀와 같은 희생적 인식이 아니면 발현될 수 없는 하나의 경지를 발견한다.

베데스다는 38년 된 병자이야기로 점철되고 있다. 이는 요한

복음 5장에 나오는 성서의 일화에서 인용되고 있다. 실제로 베데스다는 예루살렘 성안 성 안나교회 옆에 자리잡고 있다. 일종의 빗물 저장소로 사용되었던 곳이기도 하다. 베데스다는 38년 된 병자가 예수님을 만나 치유된 곳으로서 곧 나음의 표상이기도 한 것이다. 베데스다에 들어간 자와 들어가지 못하는 자는 나음을 입지 못한다는 이분법적 해석이 가능한 곳이다.

베데스다장애인선교회는 병자가 치유되는 곳이기보다는 믿음으로 그 마음을 치유받는 기관이며 단체인 것이다.

김용원 목사가 서울신학대학에 입학하러 갔을 때 장애우들에 대한 한량없는 사랑의 메시지가 바탕이 되어 오늘날의 선교회로 성장한 것을 축하해 마지않는 바이다. 하나님의 거대한 일꾼인 김용원 목사를 들어 사용함으로써 많은 장애우들이 38년 된 병자가 깨끗이 치유받듯 육체와 정신이 나음을 입게 된 것이다. 이는 오로지 하나님의 예정과 은총에 의해서 실현된 것임을 절감하게 되는 것이다. 이제 베데스다장애인선교회는 그 씨앗을 틔울 때부터 돌이켜보면 40주년을 넘나들게 된다. 김용원 목사가 비전으로 세운 부경예술대안대학의 무한한 발전과 신선 사모의 산문집 『나의 뜨락에는 그늘이 없다』는 저술의 성공적 편찬에 하나님의 은총이 넘칠 것을 기원하는 바이다.

나의 뜨락에는 그늘이 없다

초판1쇄 발행 2016년 6월 17일

지은이 신 선
펴낸이 이길안
펴낸곳 세종출판사

주소 부산광역시 중구 흑교로 71번길 12 (보수동2가)
전화 463－5898, 253－2213~5
팩스 248－4880
전자우편 sjpl@chol.com
출판등록 제02-01-96

ISBN 979-11-5979-031-7-03810

정가 13,000원

이 도서의 국립중앙도서관 출판예정도서목록(CIP)은 서지정보유통지원시스템 홈페이지(http://seoji.nl.go.kr)와 국가자료공동목록시스템(http://www.nl.go.kr/kolisnet)에서 이용하실 수 있습니다. (CIP제어번호: CIP2016014103)